日本人はなぜキツネにだまされなくなったのか

内山 節

講談社現代新書
1918

まえがき

かつての私はどこに行くときにも釣り竿をもっていた。釣りが目的ではない旅のときでも私の鞄の中には竿が入っていて、用事が終るとその近くにヤマメやイワナの暮らす川を探した。

いろいろな村の宿に泊った。二十五年以上前に私が書いた本に『山里の釣りから』（一九八〇年）があるけれど、私はがむしゃらに魚を釣るより、里という人が暮らすところを流れる川で竿を伸ばし、山と畑と家が織りなす景色をみながら釣りをするのが好きだった。「渓流釣り」ではなく「山里の釣り」が私の釣りだったのである。夜になると近くに宿を探し、川で知り合った村人に家へと誘われた。畑の横に座って村人の話を聞いていることもあった。最近では鞄に釣り竿が入ることは少なくなってしまったが、それは私が群馬県の山村、上野村で東京と同じくらいの日数を暮らすようになったからである。上野村も一九七〇年代に入った頃に私がはじめて釣りに訪れた村である。

山村に滞在していると、かつてはキツネにだまされたという話をよく聞いた。それはあまりにもたくさんあって、ありふれた話といってもよいほどであった。キツネだけではない。タヌキにも、ムジナにも、イタチにさえ人間たちはだまされていた。そういう話がたえず発生していたのである。

ところがよく聞いてみると、それはいずれも一九六五年（昭和四十年）以前の話だった。一九六五年以降は、あれほどあったキツネにだまされたという話が、日本の社会から発生しなくなってしまうのである。それも全国ほぼ一斉に、である。

一体なぜ。本書はこの問いからはじまる。なぜ一九六五年をもってキツネにだまされたという物語が発生しなくなってしまうのか。一九六五年に、日本の社会の何が変わったのか。私は次第にこの謎を解いてみたいと思うようになった。

本書は私自身の企画としては、「歴史哲学序説」という副題のもとに書かれている。それは、なぜキツネにだまされなくなったのかという問いを繰り返すうちに、キツネにだまされつづけた自然と人間の歴史、里の歴史、自然とコミュニケーションをとりながら暮らした民衆の精神史などと、向き合わなければならなくなったからである。そのことをとおして一般的な歴史学からは「みえない歴史」をつかみなおす必要性に迫られた。歴史とは何かを、私は歴史哲学の課題として考察しなおす必要性を感じていた。

そんな問題意識をもちながら書かれたのが本書である。キツネにだまされたという物語を生みだしつづけた歴史を、なぜ私たちは失なったのか。私たちが暮らしている歴史世界とは何なのか。

本書が「私たちの現在」を考える一助になれば幸いである。

目次

第一章　キツネと人

一

かつては、日本のキツネが暮らしている地域では、人がキツネにだまされたという話は日常のごくありふれたもののひとつだった。それも、そんなに昔の話ではない。キツネに悪さをされた。キツネに化かされた。そういった話は、いまから五十年くらい前の二十世紀半ばまでは、特にめずらしいものではなかった。他に本書の主題ではないので割愛するが、キツネにとりつかれたという狐憑きもあった。

ところが一九六五年頃を境にして、日本の社会からキツネにだまされたという話が発生しなくなってしまうのである。一体どうして。本書の関心はここからはじまる。そのことをとおして、歴史学ではなく、歴史哲学とは何かを考えてみようというのが、本書の試みである。

東京の世田谷区で生まれた私は、小さい頃はキツネとは無縁の暮らしをしていた。家のまわりには農村を圧倒してしまった住宅地がひろがっていて、そこはすでに戦前の世田谷村ではなく、東京の郊外住宅地の様相をみせていた。キツネが住んでいる様子もなかった。そんな郊外に住みながら、私は小学校にあがる前からよく釣りにでかけた。比較的近い川には多摩川がある。二十歳を過ぎた頃からは、自分で車を運転して山間地に釣りに行くことが多くなった。ヤマメ、イワナ釣りである。

北海道から九州まで、いろいろな川で竿を伸ばし、いろいろなところに泊った。釣り人が泊るような宿では、夜になると宿の人たちや近所の人々から、いろいろな話を聞くことができた。そのことのひとつにキツネにだまされたという話があり、いつしか私もその土地土地で、キツネと人々との関係について質問をすることが多くなっていった。

ところが、キツネにだまされたという話は山のようにあるにもかかわらず、一九六五年、つまり昭和四十年頃を境にして、新しく発生しなくなってしまうのである。それも、どこの地域に行っても、である。

私は次第に、なぜこの地域では一九六五年頃から人がキツネにだまされなくなったのか、という質問をするようになった。人々はこの質問を受けると、しばらく考え、いくつかの答えを出した。もちろんその答えは、社会科学が得意にするような科学的論証性をもったものではない。「俺はこう思うんだ」というようなものである。もっとも本書のテーマに科学的な論証性をもたせようとすれば、そもそも本書自体が成り立たない。すでに気づかれているとは思うが、本当に人はキツネにだまされていたのかということ自身が、科学的な論証性の彼方にあるからである。私が知っているのは、かつて日本の人々はあたり前のようにキツネにだまされながら暮らしていた、あるいはそういう暮らしが自然と人間の関係のなかにあったという山のように多くの物語が存在した、という事実だけである。山のような物語が存在し、その物語が一九六五年頃を境にして発生しなくなるという事実は証明できても、その物語が事実かどうかは証明不可能、あるいは論証という方法では到達できない事実として存在している。

二

ところで、古来より日本に暮らす人々は、キツネをはじめとする自然の生き物たちに人間以上の力を感じていたようである。人間にはない能力をもっているという思いである。

もっともより正確にみれば、その内容はもっと複雑だったようだ。たとえば平安時代の中期に、中国の陰陽・五行説を日本的に変化させながら陰陽道が成立する。陰陽師、安倍晴明が活動した時代である。

説話として残っている晴明の活動をみると、鳥や動物に特別な能力のあることが話の前提になっているときがある。しかしそれは動物自体にすぐれた能力があるのではなく、式神《しきがみ》が鳥や動物に「降臨」するとき、式神の働きとして動物が特殊な能力を発揮すると描かれている。能力は動物にあるのではなく、「降臨」した「神」の側にある。

安倍晴明は西暦一〇〇〇年頃に京都で活躍した実在の人物であり、京都をはじめとして各地に晴明神社が展開している。近年では『安倍晴明』（斎藤英喜、二〇〇四年、ミネルヴァ書房）などのすぐれた研究も多く、古くは『今昔物語』、『宇治拾遺物語』などの説話のなかに登場する。晴明はいっときの人ではなかった。むしろ死後にさまざまな装飾を伴って、伝説化されていった。そして江戸時代に入ると、晴明がすぐれた能力をもっていたのは、晴明の母がキツネだったからだという話が民衆のなかに定着する。この伝説によれば、晴明の母は信太《しのだ》の森のキツネ、葛《くず》の葉《は》である。母が詠んだ歌として「恋しくば　尋ね来てみよ　和泉なる　信太の森の　恨み葛の葉」という有名な歌までが生まれた。ちなみに伝承上の晴明の出身地としては、大阪の和泉と関東の茨城とがある。

さて、この経過をみると、式神が降りるとき、その式神の働きとして「超能力」を発揮した動物が、鎌倉以降の民間伝承をへて江戸時代に入ると、母がキツネゆえに、つまりキツネの血が交ざっているがゆえに、晴明は「超能力」者だったという話に変わっている。後者では、キツネに人間以上の能力があるということが認められている。

江戸時代に晴明、葛の葉の話が出版され、演劇化されていったのは、主として江戸、大坂などの都市であったが、その都市の人々はたえず村々から「補給」されていた。たとえば江戸をみれば、それは拡大をつづける都市、人口が増加しつづける都市であった。この都市の民衆のあいだで、この物語は定着していった。

では実際に活躍していた晴明の世界とは何であったのだろうか。それは平安中期の朝廷の世界であり、貴族たちの世界である。それは支配者たちの世界、国家の側の世界といってもよい。国家を正当化する理論として儒学があり、それとの結びつきで解釈された道教、仏教が展開する世界である。いうまでもなく仏教が国家護持の理論、貴族たちの個人救済の理論から離れた民衆仏教を生みだすのは、平安末期から鎌倉にかけてのことであった。

この支配者の世界では、天―王―臣―民の関係を天命にかなった合理としてとらえようとする理論がかたちづくられ、ゆえに王権は天の意に従うがゆえに正当化された。日本では天の働きとしての神々の世界が重視され、その「神」が降りるとき、動物もまた「超能力」を発揮するとみなされた。

いわばこの理論は、古代国家を運営した支配者たちの合理として形成されているのである。

ところが、いつの時代でも、多数派はこのような人々ではない。村々で土を耕し、都市や村で生業にいそしむ人々である。この人々にとっては、天―国家の理論に組み込まれた陰陽道は自分たちの世界のものではない。もしも陰陽道を用いるのなら、自分たちの生きる世界と調和するものに組み立てなおされなければならない。

安倍晴明が活躍した時代には、民衆のなかで占いや祈禱などをおこなう人々が登場していた。国家の側にいた晴明とは異なる、非国家の側の「陰陽」の実践者たちである。この動きは、その後民衆仏教や修験道、古神道などと結び、あるいはそれらと不可分の関係になりながら、民衆の霊的世界と結ばれていく。この過程のなかで実在とは異なる晴明伝説が生まれ、母、葛の葉が登場してくるのである。それは民衆にとっては、「神」

が降りることなくキツネが「霊能力者」であり、「超能力者」として認められていたことを暗示している。

三

日本について語ろうとするとき、私はつねにある種のあやうさを感じざるをえない。それは日本をひとつのものとしてみてしまう「あやうさ」である。国家を守るために天体の動きを観察し、式神や祭文《さいもん》をもって陰陽道の道を生きた実在の安倍晴明と、葛の葉の子、晴明という民衆の伝説上の晴明との相違。それは精神世界の古層の違い、あるいは霊的世界の違いを私たちにみせてくれる。両者がもっている歴史世界、あるいは霊的歴史世界が違っているといってもよいのだが、異なった霊的歴史のなかに生きている二様の人々ということもできる。

そういった相違をこえた「日本人論」が登場してくるのは、江戸期の儒学、さらにそれとの結びつきをもった国学においてであろうが、その歴史観を普遍化したなかに明治以降の近代日本が展開する。それは政治的所産であったといってもよく、私たちはまずはその「とらわれた精神」から自由にならなければならない。そしてそのような目で、村々に暮らした民衆の精神的、霊的世界と、そこに展開したキツネと人間とのかかわりをみていくことにしよう。

四

ところで、人間をだます動物として知られていたのはキツネだけではなかった。キツネに次ぐ大物としてはタヌキがいる。さらにムジナ（アナグマ）、オコジョ、ときにイタチ。私が一年の半分を暮らしている群馬県の上野村のあたりでは、オオサキもよく知られている。もっとも地域差はあるらしく、四国ではもっぱらタヌキが中心で、キツネにだまされたという話はないらしい。その理由は四国ではキツネが稀少動物といってもよいほどに少なく、誰もみかけたことがないほどだということがまずはあげられる。弘法大師の怒りにふれ、キツネが四国の地から追放されたという伝承も四国にはあるほどである。もうひとつ、北海道のキツネはこの本のテーマからはずしておこうと思う。なぜなら北海道は元々は北方先住民の地であり、この先住民たちと動物たちとの間には独特の世界が展開する。ゆえに本書では「和人」の世界のみを取り扱うことにする。

さて、かつての日本には、人間をだます多くの動物がいたが、そのなかのオオサキだけは少し様子が異なっている。まず第一に、オオサキは実在する動物なのかどうかがあやしい。私は一九八〇年頃に、ある村にオオサキを捕えた人がいて、みたことがあるのだけれど、それは大型のイタチのような動物だった。本人は間違いなくオオサキだと言うが、さてどんなものだろう。

オオサキは家＝家屋につく、といわれている。家にしのび込んで住みつく、と考えてもらえばよい。ただし姿は人間からはみえない。だから住み込まれたかどうかもわからない。

食事のときに、食器をたたいたりしてマナーの悪いことをすると、住みついているオオサキが食事をかぎつけて出てくる。もちろん姿はみえないから、人間は気づかない。そして食べ物を食べていってしまうのである。後にはミを食べたあとのカラだけが残っている。人間は知らずにそれを食べる。しかしそこにあるのはカラだけだから、滋養にはならない。

オオサキがよくとる行動のひとつはこういうものである。子どもたちはよく「そういうお行儀の悪いことをするとオオサキが来るよ」としかられた。

ところで、一応述べておけば、日本の伝統的な考え方では、食事をとるとはミをとることであった。ミとは魂と書いてもよいし、霊と書いてもよい。つまり、生命の根本的なものをいただく、ということである。それに対して、ミを入れている容器がカラである。食べ物としてみえているものはカラで、ミをいただくために、カラも一緒に食べる。日本の伝統的な食事のマナーは、静かに、厳粛に食べることを基本にしている。ヨーロッパのように楽しく食べるのではない。それは食事とはミをいただくことで、いわば生き物の生命をいただくから、その生命が自分の生命になると考えられていて、その意味では食事とは他の生命を摂取することなのである。

だから、自分のために犠牲になる生命への感謝が必要になる。日本では、神が人に与えた糧ではなく、生命的世界、霊的世界からいただく糧であり、したがって食事のときの祈りの対象は神ではなく、霊的世界になる。あるいは絶対神ではなく、霊的世界を形成する神々である。この精神を基底において、日本では食事の作法が生まれた。もったいなくもありがたいこと、という気持を表わそうとすれば、そこには厳粛な空気が流れる。

近代化とともに食事で摂るものが生命から栄養に変わり、人間は他の生命からミをいただきながら生きているという感覚がなくなったとき、伝統的な食事の作法も崩壊した。オオサキは、このような霊的世界のあり様を教える、おそらく架空の生き物である。

それが一面とすれば、オオサキにはもうひとつの特徴的行動がある。オオサキは秤《はかり》が好きなのである。人間が秤を出してくると、オオサキはそれに気づき秤に乗る性格をもっている。もちろん秤に乗られても人間にはみえない。

かつての村には仲買業者がよくいろいろなものを買いに来た。養蚕地帯の生糸はその代表的なものであるが、薬草などもその対象になるときがあった。仲買は天秤《てんびん》を出して重さを計測する。天秤とは五十センチくらいの棒の一端に荷を載せる皿が下がり、もう一端に錘《おも》りを下げる。秤の登場に気づいたオオサキは、この天秤に乗る。そのとき、荷のほうに乗るくせがつくといつも荷のほうに乗り、逆に錘りのほうに乗るようになると、いつも錘りのほうに乗る。その結果、荷のほうに乗るようになった家では、少し軽い荷でよくなるから余分に収入があり、逆になった家では、少し余分に荷を積まなければならない。それが長くつづくと、いままでどおり働き暮らしているのに、一方の家は少しづつ金持ちになっていき、逆の家は少しづつ貧乏になってしまう。

かつてはオオサキ祓《はら》いの儀式がよくおこなわれた。祓いをするのは、当然のことながら、少しづつ貧乏になっていった家のほうである。村の人たちが集まり、オオサキに家から出て行ってもらう儀式である。それは真剣なもので、けっして冗談半分で語れるものではなかった。

しかし、この話もうまくできすぎているような気がする。村は、同じメンバーで暮らすことを基本にしている。生まれてから死ぬまで、それればかりか死後の暮らしをもふくめて、同じメンバーとともに暮らす。もちろんこの過程では、村から出ていく人もいたり、入ってくる人もいるのだけれど、考え方としては、同じメンバーとともに暮らしていく社会が村である。ところがその村で、隣の家は少しづつ金持ちになっていくのに、自分は少しづつ貧乏になっていく。隣が新しい試みに成功したり、自分の家が何かに失敗したりしたのなら諒解《りようかい》できるが、同じことをしていて少しづつ差が開いていくのはやはり面白くない。そこからギクシャクしたものが生まれてくると、村そのものも雰囲気が悪くなる。

こういうときに、犯人としてオオサキが登場するのである。実にたくみな役割を担った動物である。ただしオオサキ祓いが真剣なものだったという事実は、私たちの世界は目にはみえない生命や霊的なものの介入をたえず受けながら展開している、という伝統的な人々の考え方を垣間見《かいまみ》させる。

五

オオサキを別にすれば、他の動物たちのだまし方はだいたい似ている。ただしキツネがもっとも高級なだまし方をするといわれていて、キツネにはできても、他の動物にはできない能力があるとみなされてきた。したがってここではキツネの例だけを記しておくことにしよう。

キツネにだまされたという話には、いくつかのパターンがある。そのなかには特にだまされたというより、その能力に人間が敗北したといったほうがよいものもある。

キツネは自然の変化や人間の行動をよく知っている動物である。だから、たとえばこんな話がよくある。村人が山道を歩いていく。目的はマツタケ、マイタケといった「大物」の茸狩りで、弁当をもって朝から山に入った。こんなときに歩く山道は登山道のようによく整備されたものではなく、地元の人間にしかわからないような険しい道である。途中には岩をよじ登ったりしなければならない場所もある。

そういう所にさしかかると、人間はたいてい最初に弁当などの荷物を、手を伸ばして岩の上に置き、それから両腕を使って岩の上によじ登る。こういう場所でキツネは待っているのである。そうして人間が岩の上に弁当などを置くとそれをくわえて持っていく。岩の上によじ登ったときキツネの後姿をみかけることもあるが、忽然《こつぜん》として弁当が消えたとしか思えないこともある。そんなとき人々はキツネにだまされた、あるいは悪さをされたという。

あるいはこんなことがある。旅人や隣の町に買い物に行った人が、夕方の山道を急ぎ足で歩いていく。峠にさしかかると、そこは多くの場合切通しになっている。そんなところを抜けると天気や気候が急変することがよくある。それまでは比較的暖かかったのに、切通しを抜けると冷たい風が吹いていたり、ときには切通しの向こうは吹雪というようなこともある。

そういう事態に遭遇すると、人間たちはその場所に荷物などを置いて、上着のボタンをしめるなど服装を整える。ここでもキツネは待っている。そうして一瞬のスキを突いて、下に置いた荷物のネライを定めていたもの、それは食べ物が入っているものなのだけれど、をくわえて逃げていく。村人はキツネにしてやられてしまったのである。

このかたちをパターンⅠとするなら、パターンⅡは次のようなものである。かつては内陸部の村に海の鮮魚が入ってくることはなかった。入ってくる海の魚は塩物といわれるもので、塩ザケ、サンマの干物、イワシやアジの干物といったものである。それも常時売っているわけではなく、ときどき村のどこかの店に大量に入り、入ると村人が買いに行くというかたちだった。

ある日村の一軒の店にサンマの干物が入った。子どもが買いに行くように言われ、自転車でその店に行った。そういうときは魚箱一箱単位で買うことが多く、子どもは自転車の荷台に魚箱を載せ、縄で縛って店を出た。と、家へと帰る途中で、急に自転車のペダルが重くなり、ついに少しも前に進まなくなってしまった。「いったいどうしたんだろう」と自転車から降り、暗い夜道でいろいろ点検したりする。しかし異常はみつからない。それではともう一度自転車に乗ってこいでみると、何てことはなく前に進む。「ああよかった」と思いながら子どもは家路を急ぐ。そうやって家に戻ると、しっかり縛ってあったはずの荷台の魚箱がなくなっている。「しまった、キツネにやられた」。ペダルが重くなったところから、キツネが仕掛けていたのである。

このパターンもパターンⅠと同じように、かつては村の人が誰でも一度は経験したというほどに、たくさんの例がある。魚を運ぶ途中が特に多かったらしいが、取られるのは他の食べ物のこともあるし、歩いていてしてやられることもあった。急に足が重くなり、ついには歩けなくなって一休みする。と、ウトウトとしてしまい、気が付くと荷物がなくなっている、というようなものである。

このパターンⅡは、疑い深い人なら、本当にキツネの仕業だったのだろうかと考えることだろう。私はそのことは問わない。かつては人々の生活世界のなかに、それが事実であったにせよなかったにせよ、キツネがたえず介入し、キツネの介入を感じながら暮らしていたという、この事実だけを押さえておけばここでは十分である。実際村人は、このような話を疑うことはなかった。

さて、次にパターンⅢをみてみることにしよう。それは人間に姿を変えたキツネが人をだますというかたちである。このかたちも以前の村ではよくあって、多くの人たちがこの手でキツネにだまされていた。夕方道を歩いていると、向こうから旅人が歩いてくる。旅人と会話をし、よかったらと饅頭《まんじゅう》をもらう。それはそれは美味しい饅頭で、村人は食べながら家に帰る。と、それをみた家族が言う。「馬糞なんか食べてどうしたんだ」。気付くと饅頭は馬糞をまるめたものだった。

人がキツネにだまされていた頃は、農山村には農耕馬などの牛馬がたくさんいたのである。あるいは次のようなものも代表的なものだろう。やはり夕方の道で会った旅人に、この先に温泉が湧いていると教えてもらう。「はて、そんなところに温泉はあっただろうか」と思いながらもついて行くと、確かに河原によさそうな温泉が湧いている。それなら、と温泉に入るとこれが気持がいい。と、しばらくして人の声がする。「おい、この寒いのに川の中で何やっているんだ」。気が付くと冬の川につかっていた。

同じように旅人に近道を教えてもらい、一晩中山のなかをさまようはめになってしまったとか、饅頭以外のものをもらったり、道に女性が立っていておかしなことになってしまったりと、このパターンにはいろいろなかたちがある。旅人や女性がキツネの化けた姿であることはいうまでもない。

さて最後のかたち、つまりパターンIVは少々手がこんでいる。もっとも高級なだまし方だといってもよい。たとえばこんなものがある。

利根川中流のある河原は釣りの好ポイントである。釣り人はそこで日が暮れるまで釣りをし、暗くなった河原の草原を歩いて道に戻り家へと帰る。草原のなかにも、人が歩くうちにつけられた細い道がついている。

ある日釣り人が家に帰ろうと暗い河原の道を歩いていると、前方からこちらに歩いてくる人がいる。近づいてくるとその人も釣りに来たらしい。竿をもち、ビクを下げている。反対の方向に家があるのだろう。そんなふうに思っていると、すれちがうときに相手は足を停め、声をかけてきた。こんなときの釣り人の挨拶はだいたい同じで、「釣れましたか」というようなものである。

はたして相手は「釣れましたか」と声をかけてきた。「いや、まあほんの少し」などと釣り人は答える。釣れているときは何となく自慢げな気持になって、しかしひかえ目に答えるのが多くの釣り人のクセである。

「そりゃあすごい。私など全くダメでしたよ」などと相手が言う。「いや、今日は運が良かったらしく」などと言いながらも、相手が釣れていないと自分の腕がよかったような気分になって、釣り人はますます気持がいい。「いやあ、たいしたものですなあ。私なんぞこの川には魚がいないんじゃないかと思ったほどですよ」。釣り人は名人になったような気分になってくる。「ちょっと見せてもらってもいいですか」。釣り人はビクを開け、「それほどのものでもないが」とか言いながら釣った魚をみせる。相手は手を伸ばして、魚を手にとり「いや、これはすごい」とか言う。こうして釣り人の気分が最高潮になった瞬間、相手は一瞬にして姿をキツネに戻し、魚をもって草のなかに走り去ってしまう。「しまった、やられた」

この河原では、そういうことがしょっちゅう起こるようになったので、だんだんこのキツネの存在は釣り人の間では有名になっていった。誰もが取られまいと用心をし、帰り道の河原で他の釣り人に会っても、ビクを押さえ、押し黙って急ぎ通り過ぎるようになった。声をかけても、返事をする者もいないほどである。

ところが、どんなに用心しても、やはりキツネに釣った魚を取られつづけた。ときには女性や子どもに姿を変え、ときには老婆となり、ときには道に迷った旅人や警察官、工事関係者となって、言葉たくみに魚を取っていくのである。魚を取るとキツネに姿を戻して逃げていくのだけは変わらない。

この場所では人をだますキツネが出ることをあらかじめ人々に教えておき、それでもだます。それが第四のパターンである。ときには、キツネが人に姿を変えるところをあらかじめみせておき、それでもだますというキツネもいたらしい。人々はこういうキツネを智恵者と呼んだ。

六

ところで人間たちがキツネにだまされていた時代には、だますわけではないが、人々はいまよりもっと多くの生命を山の世界に感じていた。たとえば群馬県上野村の私の家の近くには天狗《てんぐ》岩《いわ》という山がある。いうまでもなくそこは天狗が住んでいた山である。カラス天狗という鳥もいた。頭に烏帽子《えぼし》を被り、小さな下駄をはいて飛んでいくカラスである。川には河童《かっぱ》もいた。もっともそれらの生き物たちを架空のものとして退けてしまうのは簡単である。しかし、次のことは記憶しておいてもよい。

上流域の川を歩いていると河原に大きな岩があって、その上に小さな社《やしろ》の祀《まつ》られていることがある。日本では自然物自体が神として祈りの対象になることがよくあるが、修験道では霊山といわれた山自体が「御神体」である。大木が神として祀られていることも、水自体が「御神水」であることもめずらしくはない。神が降臨し宿ったのではなく、自然の生命それ自体が神であり、その「生命」が岩や水、山として現われているのである。ここには天から神が降臨し、その子孫が神々になっていった「日本」神話とは異なる神々の世界がある。

山の神、水神、田の神、……、村の世界はさまざまな神々の世界であり、それとどこかで結びつくさまざまな生命の世界であった。自分の生きている世界には、「次元の裂け目」のようなものがところどころにあって、その「裂け目」の先には異次元の世界がひろがっていると考える人々も多かった。その異次元の世界に「あの世」をみる人もいた。ときにはオオカミはこの「裂け目」を通って、ふたつの世界を移動しながら生きていると考える人たちもいた。

可視的な、不可視的なさまざまな生命の存在する世界、それがかつて村人が感じていた村の世界である。とすれば、天狗やカラス天狗といった生命が山の世界のなかに感じとられていたとしても、それはそのまま受け取っておけばよい、現在の私たちの世界では架空の生き物であったとしても、その頃の村の人たちの生命世界のなかでは感じとられていたものなのである。

それが人々がキツネにだまされていた時代の生命世界であった。

第二章　一九六五年の革命

一

はじめに述べたように、日本では、一九六五年（昭和四十年）あたりを境にして、人がキツネにだまされたという新しい話が発生しなくなる。もちろんそれは私が各地を歩いて聞いた経験からきているのだから、もっと丁寧に調べれば、少々異なった事実もでてくるかもしれない。といっても、ほぼこの時期に転換期が訪れていると考えてもよいだろう。私が話を聞いてきた経験では、そう断言してもよいほどに一九六五年という年は、大きな画期になっている。

このような「事実」を知ったとき、私は「なぜ一九六五年以降、人はキツネにだまされなくなったと思うか」という質問をするようになった。かつてだまされた経験があるという人にも、そういう人たちを知っている村の人たちにもよくそういう質問をした。そうすると「私はこう思うんだが」というような「答え」が返ってくる。その答えはいくつかのパターンに分けることができたが、ここではそのいくつかの説を紹介しながら、一九六五年頃の歴史の変化について考えていってみよう。

二

「答え」のなかで一番多かったのは、高度成長期の人間の変化を指摘するものであった。戦後史を簡単に振り返ってみると、戦後の日本は敗戦後の混乱から出発する。米軍の空襲によって焼跡となった都市、戦地から帰ってきた復員兵、食糧難。そういう時代をへて一九五〇年に朝鮮戦争がはじまる。米軍の後方基地になった日本では朝鮮戦争特需が発生し、それをきっかけにして経済復興がすすみはじめる。それを契機に、戦後の日本は、新しい生産体制の模索を開始した。こうして数年後には、戦後の高度成長といわれた時代を出現させる。

経済成長が統計的に現われてくるのは、一九五六年（昭和三十一年）からといってもよい。この年を境にして、日本のGDPは拡大しつづける。といっても生活のなかで高度成長が実感されるようになるのは少し遅れる。都市部では一九六〇年頃になると当時三種の神器といわれていた、テレビ、洗濯機、冷蔵庫をそろえる家が多くなっていた。その頃には家計収入も増加しはじめていたのである。

農村部では、実感としての高度成長はもう少し遅れる。それでも一九六〇年代に入ると家庭の電化がすすんだだけでなく、農業の機械化もはじまり、マキから灯油、プロパンガスへと燃料も急速に転換していった。たとえば山村の過疎化がはじまるのは一九五〇年代後半のことで、それを促進した大きな要素は燃料革命による炭焼の崩壊であった。炭焼に従事していた人たちが仕事を失ない、村から出て行ったのである。つづいて一九六〇年代に入ると、農山村の学校卒業生たちが都市で就職するようになる。高度成長によって都市では労働力不足が発生し、農山村の若者たちがその不足を埋めるようになっていった。

一九六五年とはこんな変化の上に成立するのである。

高度成長期を概観するときには、もうひとつ触れておかなければいけないことがある。戦後の歴史は、日本の政治的、軍事的敗北からはじまった。大東亜共栄圏、八紘一宇《はっこういちう》といった戦前の日本が描いた強国への道、アジアの盟主としての夢は砕け散った。この教訓をへて、戦後の混乱、復興を乗り切った日本は、新しい日本の方向性を、経済の発展、その基盤としての科学、技術の振興に求めるようになる。もちろん、政治、社会的には、戦後の日本の方向性をめぐって大きな対立が生じていた。軍事力の保持を放棄した絶対平和主義の道を歩むのか、それとも日米同盟のもとに「再軍備」をめざすのか。社会の民主化とは何か。

ところが、科学、技術を振興し経済発展をめざすという方向をめぐっては、このような対立が生じることはなかった。それは国民的合意として機能していたといってもよい。しかも一九五六年以降の経済成長によって、日本の経済は誰もが予想していた以上に高い成長を記録しはじめた。企業の生産の拡大が設備投資の拡大をうながし、それがまた生産を拡大させるという循環を実現させ、この過程で労働者の賃金も年々増加していった。

経済発展によって新たな大国への道を歩むという方向が、希望から確信へと変わっていった。経済発展にむかって邁進《まいしん》していく社会を制約するものは何もなくなっていた。経済が戦後の日本を支配する「神」として君臨するようになったのである。

「戦後の高度成長によって人間が変わった」、「人間が経済的動物になった」、「経済的価値があらゆるものに優先する価値になった」。人間がキツネにだまされなくなった理由のひとつとして、戦後の経済成長をあげる人々はこんなふうに話した。人々は自然の価値も、それに経済的価値があるかどうかで判断するようになった。

それ以前の時代においても、人々は経済という側面を意識しながら暮らしていたことだろう。農山村でも、人々はけっして自給自足で暮らしてはいなかったのが日本の歴史である。さまざまな商品作物や商品としての加工品をつくり、一面では広域的な交易をもちながら村人たちは暮らしていた。だが、かつての農山村の人々にとっては、経済は暮らしのなかの一側面にすぎなかったのである。自分でつくりだしたものも多かった。それ以上に、人々は経済とは違う尺度でさまざまなものを見、非経済的なものに包まれて自分たちは生命を維持しているという感覚をもっていた。自然の生命に包まれている。神々に包まれている。村の歴史や我が家の歴史に包まれている。いわば、そういうものの全体のなかに、一人一人の人間の生命もあった。

そういう感覚が、高度成長によって衰弱していったのである。それが人間の精神を変え、精神的なコミュニケーションのあり方を変えた。自然や神々、歴史などと自分との間に、大事なコミュニケーションが成立していることを感じながら暮らしていた人々が、その精神を衰弱させ、経済を媒介としたコミュニケーションを中心にして、自分の精神をつくりだすようになる。

そのとき、キツネからの働きかけに応じる能力を人間は失なった、と多くの人たちが推測する。ちょうど自然が発しているメッセージを人間が読みとれなくなっていったように、キツネからの働きかけが読みとれなくなっていった。

三

人間がキツネにだまされなくなった理由として、「科学の時代」における人間の変化をあげる人々もいる。

敗戦のときに日本の人々がいだいた気持のひとつは、アメリカの生産力、科学、技術の力の前に、「日本的精神」とか「大和魂」とかいうものが太刀打ちできなかったという思いだった。たとえば日米戦争がはじまる頃の日本とアメリカの鉄を生産する能力は、ほぼ一対十の割合である。すなわち、日本はアメリカの十分の一しか鉄を生産できない状況で、日米戦争を開始した。当時の言葉を使えば日米の「物量」の差は明確なものがあった。戦争をすることがよいか悪いかの問題を棚上げしたとしても、この状況下で日米戦争を開始することは無理があったという他ない。

ところが日本では、この「物量」の差を埋めうるものとして、日本、ならびに日本人の「すぐれたもの」が喧伝《けんでん》されたのである。日本は神国日本であるという語り、つまり日本は神が護る国だとされた。蒙古襲来のときも「神風」が吹いて日本は守られたという語りである。

もうひとつ言われていたのは、日本人の優秀さという語りであった。それは「大和魂」などに象徴される、天照大神の子孫としての日本人の精神力の高さという喧伝であり、もうひとつは日本人の器用さという喧伝であった。そういうものがあることによって、「物量」だけでは測れない力が日本にはある、とされたのである。確かに一面では零戦（零式艦上戦闘機）のような「すぐれた」戦闘機がつくりだされており、さらには敵の艦船に体当たりしていく「すぐれた」精神力をもった兵士の戦い方はアメリカを驚かせてもいたが、そういったものが「物量」面での日本の不利を補い、逆転させる力として語られていた。

だがその結果は、虚しく惨めな敗戦であった。「神国日本」や「日本人の優秀さ」では「物量」の壁を越えられなかったのである。経済成長や科学、技術の振興に対する戦後の人々の強い希求は、この教訓の上に成立したといってもよい。そしてそのことが、科学的に説明のつかないことを「迷信」「まやかし」として否定する戦後の精神風土をつくりだした。

私が小、中学生時代を過ごした一九五〇年代後半から六〇年代前半の頃は、「すぐれた子ども」は理工系に進むのが当然だ、というような社会的風潮があった。科学的な思考、分析方法を身につけ、そのことによって新しい技術を開発し、生産力の発展に寄与していく。そういう人間に向かって進んでいく子どもが「すぐれた子ども」の像だったのである。

本当は、科学とは科学的方法によってものごとを考察していく学問にすぎない。そこからは科学的方法によってとらえられた真理がみえてくる。それを私たちは科学的真理と呼んでいる。だがそのことは、科学とは別の方法をとおしてみえてくる真理もまた存在するということを示しているはずである。たとえば人間はなぜ生きているのか、というような問いに対して科学は無力である。科学ができるとすれば、人間が生きているということを身体的構造のなかで明らかにすることだけであり、それを科学的真理として承認することに異議はないが、この方法では人間の生きる意味はとらえられない。それは科学とは別の方法でつかみとられていくものである。

ところが戦後の日本にはそんな議論は通用しない雰囲気があった。科学的に説明できないものはすべて誤りという風潮が広がっていったのである。それが非科学的な「神国日本」とか「大和魂」「日本人の器用さ」などを信じた末に訪れた惨めな敗戦を経験した、戦後の日本の人々の信条であった。

このような信条からの自分の世界のとらえ直しが、すみずみにまで及んでいったのが一九六〇年代前半である。そしてキツネにだまされることが当たり前の話から迷信へと変わっていくのも、この時代のなかにおいてであった。もちろんそれ以前から、それを迷信だと思っていた人々もいるだろう。キツネに遭遇することのない都市の人々にとっては、それは遅れた田舎の人々の迷信だとしか思えなかったに違いない。また農山村の人々のなかにも、科学的真理を唯一の真理だと考える合理主義者はいたはずだ。だがこの頃から、キツネの暮らす自然との間に科学的な認識を超越した関係を築いていた「伝統社会の人々」の間にも、科学的にとらえることを進歩的態度とみなす精神が広がっていったのも事実だった。

そのことが、科学ではとらえられない世界をつかむことのできない人間たちをつくっていったと多くの人々が語る。そこにこそ、一九六五年頃から人間がキツネにだまされなくなった大きな理由があるのだ、と。

四

これまでみてきたふたつの説は、いずれも人間の何かが変わり、人間がキツネとのコミュニケーションをとれなくなったというものである。そして、第三の説もこの延長線上にある。

人々が語る第三の説は、情報、コミュニケーションの変化を問題にする。一九六〇年代に入るとこの分野ではふたつの大きな変化があった。ひとつは電話、第二はテレビの普及である。さらにもうひとつ、漫画雑誌をふくむ週刊誌などの増加を加えておいてもよい。

それはこういうものである。それまでも活字による情報としては新聞、雑誌があった。しかしそれは文語体で書かれた情報であり、日常語である口語体で伝えられる情報は、つねに伝達者である人間を伴っていた。人から人へというかたちで語り伝えられたのである。

もうひとつ、村に暮らす者たちの大事な情報源として自然がある。とりわけ農業にたずさわる者にとって必要なのは地域の「農業暦」とでもいうべきもので、それは一年の天候予想のようなものである。たとえば「寒試し法」というのがあって、これはいまでも一部の東北農民が利用しているが、寒の季節の自然、天候の変化から一年の気温変化や雨量変化を予測する。農民にとっては春や夏の天気、気温や雨量はきわめて重要なもので、それに合わせてその年の農業を工夫する。

それは日々の生活のなかにもあって、蜂の巣のつくり方から台風の来方を予想したり、虫の行動の変化から雨が降るかどうかを予測するようなことは誰でもしている。山の色の変化からその年の季節の訪れ方を予想し、自然の花の開花から種播きの時期を決めるといったことも一般的におこなわれる。農民はたえず自然から情報を受け取り、それを活かしながら暮らしている。

すなわちかつての村人の得る情報は、新聞、雑誌などをとおして提供される文語体の情報（もちろんそれは明治の言文一致運動以降の文語体であるが）、人から人に伝えられる口語体の情報、自然から得る情報があり、日常世界と密接な関係にある情報は口語体の情報と自然からの情報であった。

一九六〇年代に入って変化したのは、第一に口語体の情報である。もっともそれ以前からラジオが広まってくると電波をとおしての口語体の情報が入ってきていたが、テレビはラジオと違って映像を伴っていた。つまり、ラジオには自分の日常世界や旅の記憶から想像するという行為が伴われていたけれど、テレビになるとそれがなくなる。当時人々がよくみていた相撲やプロレス、プロ野球は、目の前で展開されている出来事になった。ニュースも同じである。そこにはアナウンサーの表情や映像が伴われている。

こうして情報は、全国一律の、しかも時間差がなく伝えられるものになった。中央の情報が映像とともに口語体ですみずみにまで届くようになったのである。

人間を介して情報が伝えられている間は、情報の伝達には時間が必要だった。大事な情報は急いで伝えられただろうが、さほど急がなくてもよい日常世界の情報は、何かの折に伝えられる。ところがその情報は重要ではないのかといえば、村ではそうでもない。なぜならそれらをとおして村人どうしの意志疎通がはかられ、ときにそれが村人の合意形成に大きな役割をはたしていくからである。

もうひとつ、人から人に伝えられていく情報には次のような面もあった。人から人に伝達される以上、そこには脚色が伴われる、ということである。その過程で話が大きくなっていくことも、一部分が強調されることもある。だから聞き手は、話を聞きながらも、その話のなかにある事実らしい部分を自分で探りあてながら聞いていく。すなわち、聞き手が読み取るという行為が伴われてこそ情報だったのである。主観と主観の間で情報が伝えられる以上、それは当然のことであった。

ところがテレビの情報は客観的情報として提示されているかのようにみえた。テレビが伝える相撲の結果は、間違いなくそのとおりなのである。もちろんテレビにも作り手の主観が介在してくるのだけれど、そこで映し出され語られているものが、あたかも客観的な事実であるかのごとく伝えられていくのがテレビである。こうしてテレビの普及は、口語体の情報であるにもかかわらず人々から「読み取る」という操作を消し去らせ、与えられた情報を事実として受け取りその感想のみを感じるという、情報に関する新しい作法を生みだした。

漫画をふくむ新しく創刊された雑誌も、活字が使われているにもかかわらず、口語体に近いかたちで語りかけられているものが多かった。人々はここでも、文語体で与えられた情報を自分の意識のなかで口語体に変換してとらえなおすという作業をしなくなった。

さらに電話の普及は、人間どうしのコミュニケーションから表情のもっていた役割をなくさせ、用件のみを伝えるというコミュニケーション作法をひろげていった。

同時に一九六〇年代に入ると、自然からの情報を読むという行為も衰退しはじめていたのである。農業の面では農薬類が多種出回ってきたこともあって、昔のように自然の変化を読まなくても、被害が出そうになったら農薬の力で押さえ込むということができるようになった。また兼業農家化がすすみ、主たる収入源が「働きに出る」方に変わってくると、雇用された労働の方では自然を読む必要はなくなってくる。

一九六〇年代には、こうして、村人が必要とする情報のあり方やその伝達のされ方が大きく変わった。そのことがコミュニケーションのかたちを変え、キツネと人間のあいだに成立していた「伝統的」なコミュニケーションを衰失させたというのが第三の説である。

五

進学率が高まったことにその原因をみようとする人々もいる。確かに一九六〇年代に入ると日本の高校、大学への進学率は高まり、その動きは農山村でもひろがっていった。

そのことが教育の内容を変えた。

かつての村の教育には、学校教育、家族ならびに地域の人々が日常のなかで教える教育、子どもたちのなかで先輩から後輩へと教えていく教育という三つの形態があった。その三つの教育が重なり合って村の教育は成立していた。さらに村の教育で重要な役割を果たしたものに村の「通過儀礼」、「年中行事」があり、それは生まれてから大人になる過程でおこなわれる儀式であったり、祭りであったりする。

たとえば四月の花祭りは子どもたちがその準備をふくめていっさいを取りしきる、という決まりになっている村は多かった。村のお堂とそこに行く参道を花で埋め、甘茶をつくる。子どものなかの年長者が幼少の者に教えながら準備していく。これもまた村の

「通過儀礼」のひとつなのだけれど、この祭りをとおして年長者が幼少者に教えることはたくさんあった。もちろん大人たちが準備する祭りのときにも、子どもたちはそれを手伝いながら必要な技術をふくめていろいろなことを教わった。

村の教育がこのような多層的な性格をもっていたのは、かつての教育が村で暮らす人間を育てることに軸足をおいていたからである。もちろん村で暮らすからといって、「国語」や「算数・数学」「社会」「理科」といったことが必要ないわけではない。そういう素養がなければ将来困ることも出てくるだろう。だがもっと重要なのは、この村で暮らせるようになることである。そのためにはまず村の自然を知らなければならない。自然に対する人間の姿勢や自然を活用する技も身につけなければならない。生活上必要なものをつくりだし、村の祭りの意味や村のあり方を知る能力も身につけなければならない。

村で苦労なく暮らせる人間を育てるには多様な能力を身につけさせなければならず、だからその過程には家族、地域の人々、先輩たちが加わり、ときに祭りや儀礼をとおして多様な教育体系をもたなければならなかったのである。

進学率が向上したとき、この村の教育体系が崩れた。受験に合格できる試験能力をつけることが教育になり、家族、地域、先輩などから教わる「村の教育」が不要視されるようになった。一九六〇年代には村の「通過儀礼」も急速に減少していった。教育の基盤は学校に一元化され、その学校教育を補うかたちで家での勉強、塾などが展開していく。

その結果、学校の教育内容も変わった。村で暮らす人間を育てる一環のなかにあった学校が、受験を最優先する学校に変わったのである。それは当然子どもたちの精神世界を変容させる。村の自然を教わり、村の神々を教わり、村で暮らす技や知恵を教わっていた村の教育の世界が消えた以上、そしてひたすら受験を目標にする以上、子どもたちの精神世界が変わらないはずはない。ところがそれに伴って親たちの精神世界も変わっていったのである。なぜならこの過程では、伝統的な村の教育に価値をみいださなくなる大人の世界が生まれていくことをも意味しているからである。変わったのは子どもだけではない。

受験教育化することによって学校教育が偏差値を上げるための合理主義に支配されるようになった頃、子どもも、親も、この合理主義に価値をみいだす意識を身につけていった。それは当然ながら合理的にはとらえられないかたちで展開していた伝統教育を衰退させるばかりでなく、この伝統教育とともにあった人間の精神をも衰弱させた。

進学率の向上とともにおこった村人の精神世界の変化。それがキツネと人間のあいだに成立していた非合理的なコミュニケーションを不可能にしていったと、この第四の説を提唱する人々は言う。必ず「正解」があるような教育を人々が求めるようになったとき、「正解」も「誤り」もなく成立していた「知」が弱体化していったのである。

六

死生観の変化を原因としてあげる人々もいる。

日本の伝統的な社会では、生も死も今日のような意味での個人のものではなかった。もちろんどんな社会においても、生と死に個人のものという一面があることは確かである。だが現代のそれは、個人のものとしての生と死が丸裸になっているのに対して、伝統的な社会では、個人の生と死を自然やそれと結ばれた神仏の世界、村の共同体が包んでいたのである。

詳しくは後に述べるとして結論だけを記せば、かつての日本の人々は、自然の世界を清浄なもの、人間の世界を穢《けが》れからまぬがれえないものとしてとらえていた。いわば生きることは、「自己の本質」を穢していくこととしてとらえていたのである。この「自己の本質」とは物質的なものでもないし、単純な意味での精神でもない。身体と不可分なかたちで、精神の奥にひそんでいるものである。それを魂といってもよいし、霊と表現してもよい。あるいは鈴木大拙《だいせつ》が用いたように霊性という言葉を使ってもよい。五来《ごらい》重《しげる》は魂を火と関係していると推測しているが、そうだとすれば身体の奥にひそんでいる火と表現することもできるかもしれない。

ここではそれを霊、あるいは魂と表現することにするが、かつての日本の人々は人間が生きていく過程を自己の霊が穢れていく過程としてとらえていたのである。

とするとなぜ霊は穢れてしまうのか。それは「人間的」とか「人間らしさ」という言葉で表現される人間にだけ備わっている精神や知性が、自然であることに反しているからである。

伝統的なヨーロッパの思想は、「人間らしさ」を、未来をつくりだしていく可能性として肯定する。人間が知性をもつことによって文明が開けたと考える。ところが日本の伝統思想はそうではない。知性をもつことによって自然であることを失なったと考えるのである。人間的な精神にも同じような視線がむけられる。その気持に言葉を与えたのが日本に土着化した仏教であったから、その気持を仏教で語れば、煩悩をもち、我執にとりつかれた凡夫としての人間ということになる。だからそういう人間として生きていく過程は、霊が穢れていく過程ととらえられたのである。

ゆえに最後の目標は自然に帰ることであった。我執を捨て、煩悩を捨て、知性によってものごとを解釈しわかった気になる精神を捨て、自然の一員になっていく。そうやって無限の自然と一体化し「ご先祖様」となり、ときに村の神＝仏として村の共同体を守っていく。それが解放への道であり、救済への道であった。

生きているときにも自然と共同体に包まれながら暮らす。しかし「生」のときにおいては自己を主張し、知性で解釈するがゆえに穢れを消し去れない。もちろん、だから、生きているうちに穢れを消し去ろうとして行を重ねる人たちもいたのだけれど、そこにおいてもめざされていたのは、自然的人間に回帰していくことであった。

生と死は、自然と共同体という包んでくれる世界があるからこそ成立するものであった。

ところが近代社会が形成されてくると、人間は自然から離脱し、共同体からも離散するようになる。包んでいる世界がなくなったのである。そして、そのことによって、生も死も裸の個人のものになった。生と死が個人の孤独な営みに変わったといってもよい。それは信仰のあり方も変えた。包まれているものとともにあった信仰が、裸の個人を救済する信仰に変わったのである。「包まれているものとともにあった信仰」とは、「風土とともにあった信仰」、「土地とともにあった信仰」、「場とともにあった信仰」といいなおしてもよい。

人間が太陽の光に包まれ、風に包まれて生きているように、かつての日本の人々は、自然に包まれ、共同体に包まれて存在している自己を感じていた。だから自分をみつめようとすると、そのこと自体のなかに自然や共同体が入ってくる。自然や共同体に包まれて成立した「場」のことを風土と呼ぶなら、自己とはたえず風土とコミュニケイトするなかに成立するものだったのである。

私は村が伝統社会の様子を大方失なっていったのは、やはり一九六〇年代だったのではないかと思う。もちろん「伝統社会の様子」はゼロになったわけではなく、今日もなお残っているものがある程度はある。しかし一九六〇年代には、伝統社会から継承してきた多くのものが、村においても失なわれている。前記したさまざまな通過儀礼のかたちが消えていったのも、一九六〇年代のことである。

とともに一九六〇年代に入ると、家の断絶ということが少しづつ村でも意識されるようになる。ときには集団就職というかたちで、ときには進学というかたちで、ときには個人で仕事を求めて、村を去っていく若者が生まれはじめた。跡取りのいない家の出現である。そうなれば先祖から子孫までを永遠に包んでいく自然と共同体という感覚も薄れる。自然と共同体が、永遠の絶対性をもっていたものから、自分の生活にとって有効なものか無効なものかという、プラグマティックな対象に変わっていくのである。

都市ほどではないにせよ、一九六〇年代には、こうして、村でも人間たちの生の感覚、死の感覚が変わっていった。少しづつ、都市型の、個人のものになっていったといってもよい。包まれていた世界と響きあっていた個人が、響きあわない個人になっていったのである。

そのとき響きあっていた自然、あるいは自然の生き物たちとの結び方が変わったとしても、それは当然の結果であろう。

人間がキツネにだまされなくなる。その原因のひとつにこのような人間の変化をあげる人たちがいる。

七

人間たちの自然観の変化を重要視する人たちもいる。

すでに述べたように、日本の人々にとって自然とは、客観的な、あるいは人間の外にある自然体系のことではなかった。それは自分自身が還っていく場所でもあり、自然に帰りたいという祈りをとおしてつかみとられていくものでもあった。

とすると、その自然とはどのようなものであったのか。

すでによく知られているように、かつての日本では自然はジネンと発音されていた。シゼンという発音が一般的になったのは、明治時代の後半に入ってからである。英語のネイチャー、フランス語のナチュールを日本語にするためにシゼンが使われるようになった。その意味でシゼンは外来語の訳語である。

ジネンはオノズカラ、あるいはオノズカラシカリという意味の言葉である。今日でも私たちは「自然にそうなった」とか「自然の成り行き」という表現を使うが、これがジネンと読んでいた時代の意味の名残りだと思えばよい。

このようにみていくと、自然に帰りたいという人々の伝統的な思いは、シゼンに帰るということより、ジネンに帰る、つまりオノズカラの世界に帰りたいという思いだったことがわかってくる。オノズカラのままに生きたい、ということである。

自然（ジネン）を訓で読んだときのオノズカラシカリ（ナリ）とは作為がない、ということであろう。有意ではない、といってもよい。自我の働きから生ずる意図がない、あるいは「我（われ）」がない、と表現することもできる。

そしてこの気持にも仏教が言葉を与えた。人間は自我があるから「我（われ）」にこだわる。我執のあるのが人間である。だから「我（われ）」の欲望をもち、「我」を主張して争い、悲しむべき凡夫に堕ちていく。煩悩は、「我」をもつことそのもののなかにある。だから煩悩を捨てるとは「我」を捨てることだ。そして「我」を捨てたあり方とは、すべてがオノズカラのままに生きることだ。オノズカラのままに生きることによって、人々を赦し救う。すべての人を。ここで発想は大乗仏教と結ばれる。

もっとも、このようにみていくと、ジネンという言葉をシゼンと読んだうえで、ネイチャーやナチュールの訳語にしたのはかなり妥当だったということがわかる。なぜならもっともジネンなものは自然（シゼン）だからである。自然（シゼン）はすべてがオノズカラのなかに存在している。シゼンとジネンは同じではないが、シゼンこそがジネンなのである。

ゆえにジネンな生き方ができる自己に戻りたいという気持を、シゼンに戻りたいと表現しても差しつかえない。人々はジネンに帰ることによってシゼンに帰りたかったのである。あるいはシゼンに帰ることによって、ジネンに帰りたかったのである。

人々の伝統的な意識では、このようにジネンもシゼンも人間の外にある客体ではなく、いつかは人間が手に入れたい、そしていつかは手に入る世界としてとらえられていた。ヨーロッパの伝統思想のような自然と人間の二分法は成立しえなかった。だから明治に入って外来語の「自然」を日本語に訳さなければならなくなったとき、訳者は困った。人間の外にある客観的な体系という外来語の意味するところの「自然」が、日本語にはなかったのである。

しかし今日の私たちには、ジネンよりもシゼンの方がわかりやすい。それは私たちの精神が近代化したから、あるいは欧米化したからである。自然保護などという言葉を平気で使えるほどに、私たちの自然観は変わった。

オノズカラとしてのジネンは、シゼンの世界でもあり、人間が「祈り」をとおしてみつけだした世界である。霊の穢れという思いが、それからの救済を求めて「祈り」をつくり、ジネンをみつけださせた。

ところが社会が近代化していくと、人々は自然（シゼン）を自然（シゼン）としてみるようになっていった。自然（シゼン）は人間から分離し、自然（シゼン）という客観的な体系になっていった。

この変化が、一九六〇年代に入ると、最終的に、村のなかでもおこっていたのではないかとある人々は考える。戦後の経済社会は、農地を客観的な生産の場へと、森林を客観的な林業の場へと変えていった。水や川は客観的な水資源になった。こういう変化が村でもおこっていた。

シゼンのなかにジネンをみなくなったとき、そして自分たちの帰りたい「祈り」の世界をみなくなったとき、自然と人間の関係は変容した。この変容が、人間がキツネにだまされない時代をつくりだしたのではないかというのが、六番目の説である。

八

さて、これまでみてきたいくつかの説は、いずれも一九六〇年代に人間が変わった、というものである。それはキツネは変わっていなかったことを意味する。キツネは変わっていなかったのに、人間のキツネにだまされる能力が衰弱したのである。

ところが各地で話を聞いてみると、少数意見としてキツネの側が変わったという説があった。それはふたつの説に集約されるが、次にそれをみておこう。

ひとつの説は次のようなものである。人間をだますキツネは普通のキツネではなく、齢《よわい》を重ねて霊力を身につけた老獪なキツネだったとある人は言う。この老ギツネこそが人間をだますキツネの正体だったと。この老ギツネが暮らせなくなっていく森の変化が戦後にあり、一九六五年頃になると元気な若いキツネしか暮らせない森に日本の森は変わっていた、という。

それは次のような経過と一致する。戦後の日本では一九五六年から「拡大造林」がすすめられた。「拡大造林」とは雑木林として形成されていた天然林を切って、その跡にスギ、ヒノキ、カラマツ、アカマツなどの針葉樹の森を造成していく方法である。

一応述べておけば森には原生林、天然林、人工林あるいは人工造林の三つのかたちがある。原生林とは厳密にいえば有史以来人間がかかわりをもったことのない森のことで、つまり自然の動きだけでつくられた森を意味する。厳格には人間が入ったことのない森、といってもよい。なぜなら人間が森の中を歩くだけでも、多少は森に影響を与えてしまうからである。ただし原生林の概念を厳密にすると、そのような森はほとんど存在しないということになってしまうし、ましてや日本では太古の昔から人は森に入って生活をしてきた以上、全く存在しないといわなければならなくなる。もちろん岩場のような狭い限定された場所では、人が入ったことのない場所も存在するだろうが、原生林という以上は森が森として機能するある程度の面積を考えなければならないだろう。

一九七〇年代くらいまでは、原生林という言葉は厳密な意味で用いられることが多かった。しかし今日では、もっとゆるやかな意味で使用されている。それは過去に人が入ったことがあるとしても、森のかたちに変更を与えるようなまとまった伐採や開発などがおこなわれたことがなく、かつこの数十年間は森の内容に変更が加えられるような人間の手が加わっていない森、つまり基本的に自然の力だけで展開してきた森を、今日では原生林ということが多い。

森の概念も時代とともに変わってきているのである。その変化を促進した原因は、かつては厳密に生態学的意味で原生林という言葉が用いられていたのに対して、一九七〇年代以降になると自然保護とか原生林保全という人間の思いを介して、原生林がとらえられるようになったからである。私はいまでも原生的自然というあいまいな表現で、今日流の原生林を言語化することが多いが、森の概念も人間の思惟《しい》の変化によって変容する。

ところで拡張された概念として原生林という言葉を使用したとしても、日本にはそれほど多くの原生林は存在しない。なぜなら日本の人々は森に入ったときに木を大規模に伐採することもあったし、多くの炭焼が山に入り、山からマキを集め、そういう人間の営みによって森のかたちが変わってきているのが、日本のほとんどの森だからである。ただしかつての森は、伐採などのかたちで利用していても、その跡地に苗木を植えるなどはせず、森の再生は自然の力にまかせるのが普通だった。その結果生まれてきたのが天然林である。天然林はときには自然林、二次林というような言い方をすることもあるが、人間によって大きな影響を受けているものの再生は自然の力でおこなわれた森、と考えればよい。つまり日本には、人工林ではない自然の森であっても、その内部にはわずかな原生林と大量の天然林がある、と考えればよい。

その天然林のほとんどは雑木林のような林相をしている。つまり落葉広葉樹や常緑の照葉樹からなる森である。ただし例外は存在する。たとえば、いまでも多少残っているが、関東平野に多くあった雑木林は、農業を維持するための平地林としてつくられたものので人工林である。畑作地帯は稲ワラが手に入らないために堆肥の原料が乏しく肥料不足を招きやすい。それを補うために畑の近くにコナラやクヌギを植えて雑木林をつくり、その落ち葉で堆肥をつくった。

逆に針葉樹の森であっても天然林も存在する。たとえば木曾にはヒノキの天然林が広大にひろがっている。木曾も秀吉の大坂城築城のときや江戸時代に大規模な伐採がおこなわれているが、自然の力でヒノキの森に戻っている。もちろん天然林だから他の樹種も少しは混ざっているが、木曾の土壌はヒノキの生育によほど適しているのであろう。微妙なのは秋田の北部にあるスギの天然林で、これは天然林だという説と、江戸時代に苗木を植えたという説とがある。もうひとつスギには高知の馬路《うまじ》村にスギの天然林がある。その他にも北海道に行けば、トドマツ主体の針葉樹の天然林もあって、つまり天然林はそのすべてが雑木林のような状態ではない。また落葉広葉樹の山のところどころにスギやヒノキが小面積まとまって生育しているところもあるし、記録の上では江戸時代には山形の金山町には一町歩一万石というスギ林が、これはおそらく原生的な森として存在していたことになっている。天然林はすべてが落葉、常緑の広葉樹ではない。とりわけマツをみれば、天然林のなかにマツが混ざっている森はいくらでも存在する。

それらに対して、人間が人工的に苗木を植え、畑の作物のようにつくりあげたのが人工林である。現在の日本の森は四割ほどが人工林であり、深い森が育つ場所だけで考えれば半分近くが人工林であるといってもよい。森のなかには大木が育ちにくい高山帯、亜高山帯の森や岩場などもふくまれるからである。

日本では人工林の育成は江戸中期からはじまっている。といってもそれは紀州、奈良・吉野、秋田、江戸周辺などの限られた場所であって、大半の場所では植えたとしても自分の家を建て直すときのためにきわめて小規模な造林地が家の近くにつくられたにすぎなかった。日本で全国各地に人工林が生まれはじめるのは明治に入ってからである。江戸後期、明治初期には、日本の各地にはハゲ山が多くあり、いわばハゲ山退治のようなかたちで苗木が植えられはじめている。

このかたちは、戦中、戦後の乱伐から生まれたハゲ山を退治するときにもおこなわれているが、先にふれたように一九五六年からは「拡大造林」という新しい形式が導入された。それは天然林を伐採し、その跡地にスギ、ヒノキ、カラマツ、アカマツなどの苗木を植え生成していくもので、天然林から人工林への樹種転換が大規模におこなわれるようになったのである。日本の人工林が拡大されたのは、このときからである。一九六〇年代に入ると、山は若いスギやヒノキに覆われていった。

この森の変化が、老ギツネが暮らせない時代をつくりだしたとある人々は言う。そしてもしそうなら、一九五〇年代半ばで焼畑農業が終了したという意味も大きかったはずだ。

かつての日本の山村では焼畑農業が営まれていた。焼畑は通常、夏に火入れをし、山にはえている草木を燃すところからはじめる。そして一年目にはたいていソバの種が播かれた。夏に火入れをするのはその時期が山火事が起きにくいからで、また夏に種を播いて秋に収穫ができる穀類ということになるとソバしかない。ただし地域によっては赤カブの種を播いたりするところもある。二年目、三年目は雑穀類や豆類を育て、一般的には三年で終了し、また別の場所を選んで新しい焼畑をつくる。焼畑の肥料は火入れをしたときの灰だけだから、三年もすると肥料不足になるのである。

焼畑跡地はその後の数年間は山菜を採るよい場所になる。山菜のほとんどは森のなかではなく、森を切り拓いた明るい場所に出てくるから、そこが山菜の豊富な場所になるのである。そしてその時期を過ぎるとススキがはえてきて、良好なカヤ場となり、その後天然林化していく。カヤは伐り取って屋根材とし、また冬場の馬のエサとする地域もあった。焼畑は耕作期間は三年だけれど、その後の自然回復過程がしばらくは村の生活を支える面白い営みの形式である。

畑として利用している三年の間に、村人が一番困ったのは、ここが動物たちのエサ場になってしまうことであった。焼畑は普通は家の近くではなく、山の中腹につくられることが多い。当然周囲は森が覆っている。そこから動物たちが畑に集まってくる。雑穀や豆などを食べるのは、まずは野ネズミたちで、イノシシも豆は好物である。野ウサギも葉を求めてやってくる。そうするとこの動物たちを獲るために、キツネやイタチも登場する。空からはタカやワシ、フクロウが野ネズミ、野ウサギを狙う。かつてはオオカミも焼畑に集まった。

放っておくと、焼畑の夜は動物の集合場所になってしまうのである。これでは満足な収穫は得られない。それを防ぐために、村人は見張り小屋をつくり、夜の番をしたりもしたのだけれど、焼畑の存在が山の動物たちにもたらしたプラスの影響は大きかった。実際ニホンオオカミが消滅したといわれている時期は、日本から焼畑が消滅した時期とほぼ重なるのである。

とすると焼畑の消滅は、老ギツネたちの生存環境をかなり圧迫したはずだ。戦後の森の変化や、人間たちの森林利用の変化が、老ギツネの存在を許さない森をつくりだした。それが人間をだますことのできるキツネを消滅させたと、この説の支持者は述べる。

キツネが変わったというもうひとつの説は、やはり森林が関係している。すでに述べたように一九五六年からはじまる「拡大造林」によって、山にはスギやヒノキなどの大量の苗木が植えられた。三十センチくらいの高さの苗木を植えるのだが、そうすると苗木のまわりにはたくさんの草がはえてくる。森を切って大地に光がさすようになったからである。この変化は山に野ネズミや野ウサギをふやし、その結果野ネズミや野ウサギに苗木がかじられるという被害が続出した。苗木の先端を食べられれば真直ぐ育たなくなるし、根をかじられて枯れてしまう木もよくあった。

この事態に対処するために一九六〇年代に入る頃から、山にキツネを放つということが各地でおこなわれたのである。キツネに野ネズミや野ウサギを獲ってもらおう、ということである。

それがキツネの能力を低下させたと、この説を唱える者は言う。放たれたキツネは、人間の手で育てられた「養殖ギツネ」で、野生の能力を低下させていた。この「養殖ギツネ」が交配し、キツネの能力はどんどん低下していった。そして一九六五年頃になると、キツネはすっかり様変わりしてしまったというのがこの説である。

九

一九六五年を境にして、日本の人間たちはキツネにだまされなくなる。そして人々はこれまでみてきたような説を理由としてあげる。

ところで、このように考察していくと、一九六五年という年は、日本の人々の精神史にとって大きな転換点だったのではないかという気がしてくる。一般的には一九六〇年代は高度成長期、日本経済の発展期として、さらには戦後の大衆文化がひろがり、他方に学生運動や市民活動などが展開した時期として描かれる。ところがその内部では、日本の人々が受け継いできた伝統的な精神が衰弱し、同時に日本の自然が大きく変わりながら自然と人間のコミュニケーションが変容していく時代でもあった。その意味で、一九六五年当時、日本にはひとつの革命がもたらされていた。

はじめに述べたように、本書は、一九六五年以前には、日本の各地でたくさんの人間がキツネにだまされたという話が生まれていたというところからはじまる。「しかし」、と言う多くの人もいるだろう。「キツネにだまされたという話は本当なのか」

この問題は本書後半の重要なテーマでもあるのだが、ここでは次のことだけを述べておこう。

それは、キツネにだまされていたという話が事実だったかどうかにかかわらず、なぜだまされなくなったのかを問いかけると、そこから多くの事実が浮かび上がるということである。出発点が事実かどうかにかかわらず、その考察過程ではいくつもの事実がみつけだされる。一九六五年頃の自然と人間の革命とは何だったのか、という事実である。そしてこの事実が、戦後に展開したある歴史を示している。

とすると、歴史とは何なのか。事実かどうかわからないものから語られはじめる歴史とは何なのか。

とりあえず私は次の章にすすむことにしよう。

第三章　キツネにだまされる能力

一

　この章ではまずはじめに群馬県の山村、上野村の三つの話から記していこうと思う。上野村は私が東京と同じくらいの日数を毎年過ごしている村である。

　この村には昭和二十年代頃まで「山上がり」という仕組があった。もっとも私が上野村で暮らすようになったのは一九七〇年代に入ってからのことだから、この話は村人たちから聞いたものである。

　上野村は山間地の水田のない村で、かつての主要産業は養蚕であった。養蚕農家は稲作農家とかなり気質が違う。その理由は自給自足に近い暮らしが不可能なところにある。養蚕で得た現金収入によって必要なものを購入する。それが養蚕農家の体質である。村には昔から貨幣経済があり、そうなれば金貸しがいたり、博奕《ばくち》がおこなわれたりするのが、現金収入のある村の特徴でもあった。さらに生糸は、年によって価格が大きく変動する商品でもあった。年どころではない、月によっても、日によっても価格が変動する。それは生糸が輸出産品であったことからもきている。江戸時代でもイタリアの生糸がうまくいかないことがあると、日本の生糸が値上がりしたりした。その結果、生糸の相場がよければ「大金」を手にすることもできるから、借金なども また発生しやすいのである。

実際いま私が住んでいる上野村の家の元の持主の先祖も、一時期は金貸しをしていた。なぜそれがわかったのかというと、売買が成立し家を登記したとき、この家が大正時代に抵当に入っていたことに気づいたからである。かつて家を担保にして、金融機関から金を借りていた。なぜ金を借りたのか。村の人たちに聞くとすぐわかった。金貸しの原資として借りたのだろうと誰もが言う。こんな綱渡りのような金貸しが成立するのも、生糸という商品作物を主たる経済基盤とした村の一面の性格なのであろう。

さて、こういう村だから、いまでいえば自己破産に追いこまれる人も生まれてくるのである。博奕や借金が原因した人もいるかもしれないし、それ以上に大きかったのは生糸相場の暴落だろう。「山上がり」とは、そんなときにおこなわれる習慣である。

いよいよ生活が立ちいかなくなったと感じたとき、村人のなかには「山上がり」を宣言する者がいた。「山上がり」は宣言し、公開しておこなうものなのである。宣言した者は言葉どおり山に上がる。つまり森に入って暮らすということである。そのとき共同体にはいくつかの取り決めがあった。そのひとつは「山上がり」を宣言した者は誰の山に入って暮らしてもよい、というものであった。つまり森の所有権を無視してよいということである。第二は森での生活に必要な木は、誰の山から切ってもよいというもので、ここでも所有権を無視することが許される。第三は同じ集落に暮らす者や親戚の者たちは、「山上がり」を宣言した者に対して、十分な味噌を持たせなければならないという取り決めであった。

「山上がり」は生活が立ちいかなくなった人々に対して開かれている、共同体の救済の仕組だったのである。

具体的には次のようにおこなわれた。「山上がり」を宣言した家族は味噌をもって山に入る。都合のよい場所をみつけて小屋をつくり、マキなどをそろえる。食料としてはかつての上野村の森には栗の木がいくらでもあった。一年分のデンプンを用意するくらいはわけなかったのである。栃の木も多かったからそれも食料にされたであろう。栃の実だけでなくドングリの実も食料になる。当時の山は炭焼が木を切り焼畑も営まれていたから、山菜も豊富だった。茸もよく知っている者なら五月から十一月まで絶えることはない。山の沢ではイワナがいくらでもとれたし、ワナを仕掛ければ動物もとれた。かつての山は実に豊かだったのである。

家族が「山上がり」をしている間に、元気な男たちは町へ出稼ぎに行った。一年後には少しまとまったお金をもって村に戻ってきた。それを待って家族は山を降り、借金を返すなどして元の生活に戻った。かつての豊かな山と、何でもできる村人の能力、最低限のものは提供してくれる共同体という三つの要素があってこそ、「山上がり」は成立しえたのである。

それは昭和二十年代までつづいていた仕組であったが、いまでも上野村の老人のなかには、「何、困ったら山に上がれば一年くらいは楽に暮らせるよ」と言う人がいる。多分、もう無理である。人工林がふえたことや、焼畑や炭焼が終ったことなどもあって、今日の山は昔ほど豊かではない。木を切らないから山菜もよく出なくなったし、切株がないから茸もそうは出ないのである。沢のイワナもめっきり少なくなった。それでも老人たちは何でもできる能力をもっているからまだいいが、私などが「山上がり」をしたら、たちまちゆきづまって里に降りてくるだろう。

「山上がり」は悲惨な話ではなく、「何、困っても山に上がれば……」という、山村に暮らす者の気楽さとともに成立していたのである。

キツネが人間をだましていた時代とは、山の自然と人間との間にそういう関係があった時代でもあった。人々は自然を信頼していた。そして自然を生きる糧にするだけの能力を人間たちはもっていた。

そういう精神と能力を介してながめられていた自然とは、どのようなものであったのだろうか。そして、その自然のなかで暮らす動物たちは、村人たちにどんなふうにみえていたのだろうか。はっきりしていることは、今日私たちがみている自然や動物とは違うものだということである。

とすると、そういう時代の自然と人間のコミュニケーション、自然と動物のコミュニケーションはどのようなものだったのか。

二

上野村には、他の山村と同じように、たくさんの馬頭《ばとう》観音が祀られている。かつては内陸輸送は馬の背に頼るのが普通だった。舟が使える川があるところでは河川舟運もあったが、山間地ではそれもむずかしい。

江戸時代に入ると幕府は街道の伝馬《てんま》制度を整備させた。村人に交替で馬を連れて街道の中継地まで出てくるように強制し、中継地から中継地へとリレーで輸送する体制を整えたのである。ただしこの制度は村人の評判が悪かった。忙しいときに荷運びを強制されるのだから当然で、その結果は荷の減少という現実を招いた。荷を中継する度に、少しづつ荷が減っていってしまうのである。

江戸中期になると、伝馬制に代わって通馬《とおしうま》制が中心になる。これは輸送業者によるもので、長距離を一気に輸送した。馬数頭を連れて、有料で輸送する。この方法だと運賃はかかるが速いし、荷が減ることもなかった。

上野村には中山道の裏街道が通っている。中山道は碓氷《うすい》峠のところが難所で、一時期は中山道より上野村を通っている十石峠《じっこくとうげ》街道のほうが、物資の輸送量が多かった。そういうこともあって、かつての上野村には多くの馬が輸送のために歩いていた。また村人も馬を飼っていることが多く、人口一千人くらいの村に二百五十頭を越える馬が飼われていたという記録もある。

その馬は、輸送の途中で荷崩れをおこしたりして崖から落ち、死ぬことがあった。そういう場所に馬頭観音を建て、馬を供養したのである。また馬が休む場所などにも馬頭観音が建てられ、こちらは馬の旅の安全を祈ってつくられた。

馬頭観音は怒りの表情をしている。といってもほとんどの馬頭観音は石に「馬頭観音」と彫っただけなのだが。

上野村には馬頭観音が数多く存在しているのだけれど、ある日村人の集まりで雑談をしていたとき、村の馬頭観音が話題になった。「何でつくったのかね」と聞いた人がいたので、私はここまで書いてきたような話をした。と、「それは違うよ」とある村人が言った。彼が伝え聞いてきた話は次のようなものだった。

村の中、特に山の中には時空の裂け目のようなものがある。それをこの世とあの世を継ぐ裂け目といってもよいし、霊界と結ぶ裂け目、神の世界をのぞく裂け目といってもよい。異次元と結ぶ裂け目である。この裂け目は人間にはみえないが、動物にはわかる。そしてこの裂け目は誰かが命を投げ出さないと埋まらない。埋まらないかぎり永遠に口を開けていて、その裂け目に陥ちた者は命を落とす。

旅の途中で馬はこの裂け目をみつける。ここで誰かが死ぬだろう。それは自分とともに生きてきた飼主であるのかもしれない。そう思ってみると、先を行く飼主は、いまにも陥ちそうである。自分が犠牲になって飼主を助けよう。そう思った馬は自らその裂け目にとび込む。

馬が山で死ぬ場所はそういうところだ、とこの村人は言う。だから人間たちは馬に感謝し、その霊を弔って馬頭観音を建てた、と。

この説は私が聞いたり読んだりしたことのないもので、居合わせた十人ほどの村人も誰も知らなかったから、この村人の周囲だけで伝えられたものなのだろう。しかし、「もしかすると、このほうがいいかな」という気が私にはした。

霊、あるいは魂としか呼べないものについての思想史を振り返ってみると、江戸時代とは霊の通俗化がすすんだ時代である。霊が日常世界に取りこまれはじめた、といってもよい。都市の武家の世界では儒学を基盤にしながら、霊が政治的に語られるようになり、天照大神の霊の継承としての日本人論が「霊《たま》の真柱《みはしら》」として書かれるようにもなってくる。それは政治的な立場からの霊の通俗化である。

他方農村では、霊への信仰が家単位の祖先信仰になることによって日常世界に降りた。超越的な霊の世界が、日常的な霊の世界に移行しはじめた、といってもよい。といっても、農山村には古代、中世と受け継がれてきた霊のあり方もまた併存し、いわば一方に古代以来の霊的世界を存在させ、他方で日常のなかで語られていく霊的世界を存在させながら、その二重的一体性を農山村の人々はつくりだしたということができる。もっともこの問題はもっと詳しく考察しなければならないテーマであり、そのことは後章に譲ろう。ここでは江戸時代に霊の通俗化がすすんだこと、そして明治以降は少しづつ霊の無視が進行しながら今日に至っているということだけを述べるにとどめる。

はじめに述べたように、陰陽師安倍晴明は江戸時代に入ると、お母さんがキツネだったから「純粋人間」にはない特殊な能力、霊力をもっていたという物語が生まれる。しかもその母ギツネに葛の葉という名前が生まれ、葛の葉が晴明と別れるときに詠んだ歌まで生まれる。キツネの血を受け霊力を得たといわれているのに、そのキツネは実に人間的なのである。とするとこのキツネは、日常世界のなかに降りてきたキツネ、ということができるだろう。しかし、それでもなおキツネの霊力はもちつづけている。その意味では古代以来の「自然の霊力」は認められているのである。

馬頭観音が亡くなった馬の供養や、馬の旅の安全を祈願するために建てられたとすれば、それはあまりにも日常世界のあり方と調和している。日常世界のなかの感謝であり、日常世界のなかの祈りである。それは江戸時代の農山村の一面である霊の通俗化と、あまりにもよく符合する。

実際江戸時代とは、そういうものが一方で進行したのであろう。神仏が日常世界の御利益を提供するのも一般的になったし、地蔵菩薩ともなれば人々の日常の願いを背負いきれないほどに背負わされるようになった。もともとはヒンズー教の大地神であった地蔵は、仏教の菩薩になってから救済の菩薩となり、日本では江戸時代に人々の日常生活の願いを聞いてくれるお地蔵様になっていく。安産を祈って子安地蔵に、生まれてくれば子育地蔵に……、というようになっていったのである。

こういう江戸時代の一面と通説としての馬頭観音は調和しすぎている。ところが一人の村人の異説を採用すれば、そこに日常世界を超越した怖さも語られている。とすると、こちらの方が伝統的な発想としては面白い。それ自体が事実かどうかではなく、物語られているもののなかに「事実としての精神」を垣間見させるのである。

三

もうひとつ、上野村の話を紹介しておくことにしよう。

私が暮らしているのは江戸時代の楢原《ならはら》村で、そこはいまの上野村の最深部にあたる。神流《かんな》川《がわ》源流の村である。私の暮らす集落は旧楢原村のなかでも山奥の集落で、人家のない山道を二キロほど上がったところにある。戸数は八戸。周囲を深い山が包んでいる。玄関の前にカモシカが立っていてびっくりしたことがある。縁下でタヌキが暮らしていたこともある。クマが庭を横切っていったこともある。そんな集落である。

私の家の二軒ほど隣にYさん夫妻が住んでいた。いまは体をこわして息子さん夫婦のところに行っている。現在九十歳くらいだろうか。

Yさんは昔は炭焼を中心とし、養蚕と和紙づくり、畑仕事、林業などを組み合わせて暮らしていた。私の家の裏庭には小さな炭竈《すみがま》があるが、炭の焼き方はYさんに教わった。

これはそのYさんから聞いた話である。Yさん夫妻の子どもも大きくなり、Yさんが一家の中心になった頃、Yさんのお父さんが「山に入りたい」と言いはじめた。それは家を捨てて山に入る、ということである。

私の暮らす集落は御岳《おんたけ》信仰の熱心なところだった。御岳とは木曽の御岳山のことで、そこは、もとは修験道の霊山であった。ただし明治六年（一八七三）に御岳教として独立している。おそらくその前年の明治五年に明治政府が発した修験道廃止令によって苦境に立ち、神道化することによって延命をはかったのであろう。

Yさんのお父さんは御岳信仰の集落の中心的な人物だった。そのお父さんが「山に入りたい」と言いはじめたのである。家族にはその意味することはすぐにわかった。家族はとめた。

古い文献をみていると、古代から「山林修行」という言葉がみえる。山に入って修行することである。山を歩き、滝に打たれ、絶壁から身を乗り出し、岩穴で座りつづける。山中での荒行である。

一般に修験道と呼ばれるこの山の信仰は、西暦六〇〇年代の末に役行者《えんのぎょうじゃ》（役小角《おづぬ》）によって開かれたと伝えられる。奈良の吉野、金峯《きんぷ》、大峰から熊野に至る山岳地帯が根本霊場として開かれた。鎌倉時代には各地に修験道の道場が設けられ、主なものだけを拾ってみても、岩木山、出羽三山、日光二荒山《ふたらさん》、筑波山、秩父三峰山、富士山、御岳山、立山、白山、石鎚《いしづち》山、英彦《ひこ》山とひろがっている。上野村は中山道の裏街道とともにある村だったから、御岳山へは中山道に出て一本道である。

このひろがりは、かつて日本の多くの人々の精神を修験道がとらえていたことを示している。とすると「山林修行」で知られる修験道とは何か。といってもこの問いに正確に言葉で答えるのはむずかしい。というのはこの信仰の核心が教義ではなく修行にあるからである。自然のなかでの修行がこの信仰のすべてである。だから教義的には時代とともに変容する。古代に本地垂迹説《ほんじすいじやくせつ》がひろがれば「山の神様」が本地垂迹説で説明され、たとえば大峰修験の「神」、「蔵王権現《ざおうごんげん》」は、本地で仏教の如来、垂迹して日本で「蔵王権現」になったと説明されるようになる。密教のひろがりのなかで密教と結びつき、天台系の本山派《ほんざんは》と真言系の当山派《とうざんは》を成立させたりもする。実に多くの修験者がときに行者と呼ばれ、ときに山伏、聖《ひじり》、上人と呼ばれながら存在していたにもかかわらず、その教えの全容を明らかにする「教典」があるわけでもない。しかも明治五年の修験道廃止令以降の弾圧のなかで深刻な打撃を受けた。

したがってここでは修験道というより、修験的な信仰に信頼を寄せてきた人々の精神を簡単に述べておくことにしよう。

第二章でも述べたように、日本の人々は自然の世界に清浄な世界をみいだしていた。自然の生命には自己主張からくる作為がないからである。道教の言葉を使えば、無為自然である。自己を主張しないから、その生命はオノズカラのままにあることができる。ところが人間は自己を主張し、しかもその主張を知性で合理化するから、次第に本当のことがわからなくなっていく。霊が穢れていくのである。この穢れは死後に自然の力を借りながら霊の清浄化をとげていく、そのことによって自然に帰り、永遠の生命を得ていくと考えられていたけれど、この霊の穢れに耐えられなくなった人々は生きているうちに「山林修行」をめざした。自然のなかで荒行を重ねていくのである。この修行こそが穢れをとる唯一の方法であり、だから修行がすべてで教義はその補足的なものでしかなかった。

「山林修行」を志す者は、古代から自分の意志で山に入ったようである。どこかの許可を得たり、寺で得度《とくど》するなどの手続きを踏んで山に入ったわけではない。そういう人たちが、たとえば『日本霊異記』には「私度僧《しどそう》」として数多く描かれている。「私度僧」とは正式な得度をしていない僧、自分で勝手に出家してしまった僧という意味である。

山に入ることとは、人間的なものを捨てる、文明を捨てるということを意味していた。

家族も、村も、共同体も、社会も、つまり人間的なものがつくりあげたすべてのものを捨てて山に入る。その意味で死んでいくときのたった一人の人間になるのである。古代の習慣では、道具ももたずに山に入ったらしい。道具もまた文明であるからだ。山では木の実を食べ草を食べ、根を食べる。厳密には火も使わない。自然は火で料理はしないからである。そうやって動物のように暮らしながら荒行を重ね、お経を読みつづける。穢れた霊の持主である自己を死へと追い込むのである。そして文明のなかで生きてきた現実の自己に死が訪れたとき、「我（われ）」は山の神と一体となり、清浄な霊として再生する。

もちろんその過程では、本当に死んでしまう者もたくさんいた。また実際には、里との間を往復する行者もいたし、食べ物などが届けられながら修行する者もいて、必ずしもすべての人が厳格だったわけではない。「山林修行」はそもそもは普通の民衆の信仰からくる修行なのだから、そのなかには民衆の自由さがふくまれているのである。

こうして再生した行者、山伏、聖、上人は、山の神、つまり自然と結ばれたがゆえに超越的な霊力をもつと思われていた。だから里に降りて祈禱をして病気をなおしたり、雨乞いをして雨を降らせたりした。人々は行者に救いを求め、行者もまたそれに応じたのである。

文明を捨て、人間を捨てる死と、自然と一体になって成立する再生。それが「山林修行」であり、民衆の修験道的精神である。

上野村の私の家の近くで暮らしていたYさんのお父さんが「山に入りたい」と言ったのは、この「山林修行」を意味していた。私の集落はわざわざ山に入らなくても十分に山の中である。それにYさんのお父さんは、おそらく自然とともに誠実に生きていたのだろうから、それで霊が穢れたと言われたら、今日の私たちなどどうしたらよいかわからなくなる。

しかし、自然とともに生きていたからこそ、自然から離れてしまった「我」が強く感じられたのである。もはや文明、人間のすべてを捨てるしかないという追い込まれた切実な思いがこみ上げてくるほどに、「我」の堕落がみえていたのである。

お父さんが山に入りたいと言ったとき、家族は反対した。もしも許せば、厳格に修行をするお父さんだということがわかっていた。そうすれば、おそらく結果は死である。再生して里に降りてくることなく、山で果てるだろう。

しかし、家族の反対がお父さんを苦しめていることもわかっていた。捨ててしまいたい人間的なものによって反対され、反対する気持を受け入れているものも、捨ててしまいたい人間的なものである。結局捨てられない「我」がいる。それがお父さんを苦しめる。

ついにYさん一家は、お父さんの気持を受け入れることにした。Yさん自身も御岳修験を信仰している一人である。こうしてお父さんはある年の春に山に入った。村の山に、お経以外の何ももたずに入ったのである。

ときどき家族は山に行き、離れたところからお父さんの様子をみていたのだという。春が過ぎ、夏が過ぎ、秋も過ぎようとしていた。Yさんたちは迷った。このまま放っておけば凍死するのは目にみえている。山はこれから急速に寒くなる。

Yさん家族は相談し、お父さんに山から降りるように説得に行くことにした。そうしてお父さんは山から降りた。

「家族としては放っとくわけにはいかなかった」

とYさんは言い、つづけた。

「良いことをしたんだか、悪いことをしたんだか、いまでもわからん」

Yさんによると、Yさんのお父さんのような人は、しばしば生まれなかったけれど、当時は全くめずらしい話ではなかったのだという。ときどきそういう人がいた。普通の民衆が「山林修行」に入るのは、自分の子どもにすべてをまかせても大丈夫だと確信をもってからである。古代は四十歳くらいがひとつの目安だったらしい。Yさんのお父さんが山に入ったのは戦後のことだから、おそらく四、五十年前のことだろう。いつのことかはうっかり聞き忘れたが、Yさんは現在九十歳くらいである。とするとそれは一九五〇年代、昭和二十年代の後半から三十年代の前半くらいのことなのだろうか。

四

村人にとって自然は多様な意味をもっていた。「山上がり」で示されているのは豊かな自然である。「馬頭観音」では自然のなかにある時空の裂け目と動物の霊力が語られている。そしてYさんのお父さんからは、文明を捨て、人間を捨てて、自然と一体化することに救済を求める、修験道的な伝統精神がみえている。

そのすべてが自然なのである。そうして人々が自然をそのようにみている世界のなかで、人間がキツネにだまされるという事件が発生していた。

ところで村で暮らしている人間にとっては、動物に対する評価は今日でも複雑である。私が暮らす上野村だけでなく、一九九〇年代に入った頃から作物の動物による被害がほとんどの山村で激しくなっている。ジャガイモ、ヤマイモ、大豆が食べられてしまうのはイノシシの仕業で、大豆はサルが食べにくることもある。サルはネギ、シイタケ、果物、ときにカボチャやスイカ、白菜なども狙ってくる。もうひとつ被害の大きい動物にシカがいる。シカは葉のあるものなら何でも食べる。イノシシのいない東北の山村以外では、ほとんどの山村でイノシシ、サル、シカが田畑を荒らしていて、村人は困りはてるようになった。

このような状況が発生しているのだから、これらの動物は村人にとっては害獣である。しかしこんな事態になってもなお、村人は動物に対して、同じ村に暮らす仲間だという意識ももっている。村という言葉は、伝統的には、人間社会を意味する言葉ではなく、自然と人間の暮らす社会をさしている。とすれば動物もまた村のメンバーであり、共同体の仲間である。

実際村人は、動物をみる多様な視線を並存させてきた。ある種の動物は、ある場合では害獣である。しかしその前に村に暮らす仲間で、ところがその動物は冬の猟期には狩猟の対象にもなる。その一方で人間以上の能力をもった生き物として尊敬され、さらに神の世界への道筋を知っている霊力をもっているとあがめられることもある。こういうかたちで語られるときの神とは、自然そのものであり、自然の真理とでもいうべきものであるのだが。

このように述べていくと、人間と動物の関係が矛盾しながら重なり合っていることに気づかれるであろう。仲間だといいながら猟の対象にもする。尊敬を払いながら、害獣ともみなす。どう考えても、矛盾した関係が並存しているのである。

それを人間がもたざるを得ない絶対矛盾としてとらえるのが、日本の伝統的な民衆精神だったのではないかと私は思っている。

もちろん、生きるために、ときに動物から畑を守り、ときに動物を獲って食べたり皮を得たりすることは許される。なぜ許されるのかといえば、自然の生き物たちもまたそうしているからである。鳥は木や草の実を食べるし、キツネは野ネズミや野ウサギを追う。虫は草や木の葉を食べる。自然がそのような関係になっているなら、自然の一員としての人間にも同じことが許されるはずだ。

ところが人間はややこしい問題を背負わされている。それは自然の生命を採取したり、動物と対立したりする理由が、純粋な生命的な行為なのか、それとも自分の「欲」がからんだ行為なのかを明確にできない、という問題である。

たとえば狩猟によって動物を捕獲するとき、それがキツネやタカ、ワシと同じことならそれは「自然の行ない」である。ところが人間は「自然の行ない」としてそうするだけでなく、狩猟によって富を得ようという意識ももつし、ひとつの自己主張、自己表現として狩猟をおこなうというような面をも併せもつ。後者は「自然の行ない」ではなく、「自己」、あるいは「我」、「個我」をもつ「人間の行ない」である。「自己」があるから自己目的が生じ、それがときに富の増加をめざさせ、ときに自己主張や自己表現を目的意識として生じさせる。

とするとこのような「人間らしさ」は肯定できるのか。

私は「できない」と日本の民衆は考えてきたのではないかと思っている。ここでいう日本の民衆とは、自然とともに、自然のなかで暮らしてきた村の人々のことであり、都市の人々はとりあえず除外して、私はこの言葉を、ここでは、用いている。そうしないと自然とともに生きた人々の精神を明らかにすることができないからである。

それが「自然の行ない」なら肯定できるが、「自然に反する行ない」なら肯定できない。しかしそう考えたとしてもまだ問題は起きる。なぜなら人間には、「自然の行ない」と「自然に反した行ない」との間に、区別しきれない部分があるからである。

たとえば富を蓄積したいと考えたときでも、そのことによって権力を得ようとか、裕福な暮らしがしたいということなら、明確に自然に反するだろう。なぜなら自然の生命たちは、そんなことは考えないからである。ところが将来訪れるかもしれない苦境に備えるために、多少は富を蓄積しておこうというのならどうなるのか。自然の生き物でも、リスや野ネズミなどは、多少の食料を備蓄するし、蜂は冬を越すために蜜を貯めるのである。とすると多少貯めこむのは生きるための行ないといえなくもない。

しかし、それでもなお人間がおこなう貯えは、自然界の生き物のそれとは違っている。ひとつに自然界の生き物は必要量しか蓄積しないが、人間はその必要量がわからないから、不安がある限り貯えを増やしつづけることになる。もうひとつは、たとえばリスや野ネズミも匿《かく》しておいた木の実などを食べきらずに、そのまま残してしまうことがある。ところがそのことによって木の実が遠くに運ばれ、木にとってはそれがむしろ有効性をもつ。つまり残すことが無駄になっていないばかりでなく、自然というつながり合う世界から、リスや野ネズミの行為は離れない。それに対して人間の同じような行為は、あくまで自己自身のため、せいぜい家族のための自己目的的行為であり、つながり合う世界が消えているのである。

それならわずかな貯えでもいけないのか。それを否定されてしまったら、生きつづけるという行為自体が人間には成り立たない。

問題はこの両者の境界線がわからないことにある。なぜそうなってしまうのか。それは人間が自己自身の生に対する不安をもっているからであり、そうであるかぎり不安が解消されなければ、自分の課題も終了することがない。不安をとおしてものを考えるから、解消されるまで際限がない。しかも生に対する不安は個人的なものだから、結び合う世界をもちえないのである。

不安がその解消のための欲望を生み、それが向上心を導きだして文明の発展に寄与すると把握すれば、通俗的な人間讃歌になる。もっともヨーロッパの思想においても、たとえばキルケゴールは人間が人間であるがゆえに解決できない不安、神と結び合うことで超越することによってしか解消できない不安を導きだしているように、人間の本源的なものをとらえようとする人々にとっては、通俗的な人間讃歌は肯定しうるものではなかったのだが。

日本においては、自然とともに、自然の近くで暮らしていた人々にとっては、たえず自然の姿がみえているからこそ、自然のままに生きることのできない人間の問題もみえていた。しかもなぜ自然のままに生きられないのかは、人間の本性に根ざしている。その本性とは生のなかに「自己」や「我」、「個我」を内在させていることである。生を自己の生としてとらえ、そこから不安が生まれる。そしてそういう人間のあり方を凡夫の姿としてみていたのがかつての人々であった。そしてそうであるとするなら、自然は清浄である。なぜなら必要以上に自己を主張することもなく、春になれば花をつけ、秋が深まれば枯れる、ただそれだけの自然の営みを不安をいだくことなく受け入れているからである。

五

群馬県上野村の私の畑でも、種播きからしばらくして芽が伸びてくると間引きをおこなう。一番丈夫そうな一本を残して、他の二、三本を抜く。

それは私にとってはかなり苦痛な行為であり、その苦痛さを他の村人も感じている。なぜ苦痛なのか。それは間引かれる側も、生を全うしたいだろうことがわかっているからである。

作物を育て食べるだけなら問題はない。自然の生き物も草や葉を食べて生きている。しかし自然の生き物は、自分に都合の悪い育ちがよくないものを、あらかじめ間引くようなことはしない。間引きとは、あくまで人間だけがする行為である。しかもこれは、育ちのよくないものは生きる価値がない、という思想に貫かれている。自然界に対してそういう態度をとるなら、人間界に対しても同じ態度をとらなければ平等ではない。しかし人間に対して育ちの悪いものは間引くという思想を適用したら、かつてのナチスの優生思想のようになってしまい、当然そういう思想は否定されなければならない。だが、それなら、人間に対しておこなってはいけないことを、なぜ植物に対してはおこなってよいのか。

間引きをしながらその問題性を感じ、しかしそうしなければ満足な作物はとれないと間引きをする。とすると満足な作物とは何なのか。なぜ満足な作物をとらなければならないのか。そこにはやはり自己をもった自分自身があるはずだ。

そんなことが想起されてくるから、間引きは苦痛になる。

畑仕事をしていると、石に感謝することがある。特に真夏に種播きなどをすると、晴天つづきで雨不足のときなどは芽がよく育たないときがある。そんなときでも小石の脇に出た芽は結構育つのである。なぜなら石の下は水分があって、そこに向かって根が伸びるからである。こういう天気のときは、ミミズなども石の下で暮らしていて、石が畑の生き物の世界を守っていたりする。そんなときは石に助けてもらっているとも感じるし、石もまた結び合う自然の生命世界の一員だと気づく。

仏教思想にある「一切衆生《いっさいしゅじょう》、悉有仏性《しつうぶつしょう》」という言葉は、「大般涅槃経《だいはつねはんぎょう》」に出てくる言葉で、すべての人間は仏性をもっている、だから成仏し、仏になりうるという意味である。ところがこの言葉は日本で変形した。「草木国土、悉皆成仏《しっかいじょうぶつ》」、あるいは「山川草木、悉皆成仏」となったのである。草も木も、生命をもたないはずの土や石も、すべてが仏性をもち成仏する、と変わった。インドでは人間だけだったはずのものが、日本では自然界の生き物も、生命をもたない無機物も、人間と何も変わらず仏性をもっている、となったのである。

この言葉は天台本覚《ほんがく》思想としてひろまった。それは草や木の移ろい、つまり草や木の無常のなかに、草や木の「悟り」があらわれているととらえる思想でもあり、現実に展開する現象的世界がそのまま仏のさしまわした世界であり、悟りの世界、即身成仏の世界になりうるという思想である。

本覚思想は仏教研究者すべてに評判がいいわけではない。現象的世界がそのまま悟りの世界であるなら、人間は修行などする必要はなく、そのままでいい、ということになってしまうかもしれないからである。

私は、この本覚思想が天台密教だけのものではなくなり、中世には広く民衆に浸透していった事実の方に注目する。なぜ仏教が日本的なものになっていく時期に、本覚思想は広く民衆のなかに浸透していくのか。

宗教学の研究者たちは、教義を中心にして宗教を考察する傾向が強い。「大般涅槃経」に記された「一切衆生、悉有仏性」が中国で、人間が成仏できるなら、その人間を支え関わりをもっている自然の生命も成仏できる、という思想を芽生えさせ、それが日本では、草木それ自身が仏性をもち、成仏を約束されていると、つまり人との関わりがあろうがなかろうが成仏すると変わった。さらに石や岩も成仏を約束されているとなっていく過程に、最澄をへて中世に確立していく天台本覚思想をみるのである。そしてここに仏教がひとつの極限まで深化した姿と仏教の自己否定とをみる。なぜ自己否定なのかといえば、もしも現実にあるすべてのものが仏性をもち、成仏が約束されているとするなら、あるがままに生きればよいのであって仏教もまた必要ではなくなる可能性をもつからである。

しかし、このような考察はあくまで研究者のものである。私が重視するのは本覚思想をきいたとき、「なるほど、そのとおりだ」と思った民衆の側の精神である。この精神がなければ、中世にこれほど本覚思想がひろまるはずがない。そして宗教とは、つねにこの民衆の側にあるのであって、教義を伝えた者は民衆との共同作業者とみたほうがいい。民衆の精神と教義が響きあい、民衆のいだいていた信仰的思いが教義によって言葉を与えられたとき、宗教は宗教として誕生する。

幕末から明治時代に新しく生まれた宗教は、ある日一人の人間が神がかりをし、神の意志を伝えるかたちで誕生したものが多い。たとえば大本教《おおもときょう》をみれば、出口なおが神がかりしてはじまる。その出口なおは以前から地域社会で一目おかれていた人ではない。貧しく、苦労の多い、学問もない、その意味で社会の底辺で生きていた人である。そのなおが神がかりし、「訳のわからないこと」を言いはじめる。このとき周りの人々が、「あのばあさんも気がふれた」で終りにしていたら、大本教は生まれなかった。状況をみるかぎり、それでもよかったはずなのである。ところが神がかりをして語りつづける言葉に、「真理」を感じた人たちがいた。その人たちが、なおを教祖とした結びつきをもちはじめる。そこに大本教の母体が芽生えた。

この場合、大本教を開いた人は出口なおであるのか。それともなおの言葉に「真理」を感じた人の方だったのか。

必要だったのは両者の共鳴だろう。とすると、「真理」を感じた人たちは、なぜなおの言葉に「真理」を感じとったのか。私は「真理」を感じた人たちの気持のなかに、すでになおと共通するものが潜んでいたからだと思う。自分のなかにも同じような気持があった。しかしそれは言葉にはならない気持だった。表現形態をもたない気持。わかりやすくいえば無意識的な意識だった。そこになおの言葉が共鳴したとき、人々のなかから、なおは気がふれたのではなく「真理」を語っていると思う人が現われた。教祖は無意識的な意識に、それを表現しうる言葉を与えたのである。

この関係は、古くからある宗教でも変わりはないと私は考えている。他者のなかにある無意識的な意識との共鳴が生まれなければ、どれほど深い教義の伝達があったとしても、大きな宗教的動きには転じない。

「山川草木、悉皆成仏」という言葉で伝えられた本覚思想を人々が聞いたとき、「そういう考え方もあるんだ」と思っただけだったら、この思想は広くひろがっていくことはなかっただろう。多くの民衆が無意識的に感じていた思想と共鳴し、この無意識的思想を表現する言葉として「山川草木、悉皆成仏」があると民衆が感じとったからこそ、本覚思想は中世以降の民衆の心をとらえたのではなかったか。

仏教思想に照らして本覚思想が正統かどうかではなく、このような民衆精神のほうが重要である。なぜなら、このような民衆精神とともに展開していくのが、日本仏教だからである。

とするとここでも、なぜ民衆は本覚思想に「真理」をみたのかを問わなければならないだろう。そして、それをとらえようとするなら、自然のなかで、自然とともに生きた百姓的暮らしが生みだした、民衆の精神の内奥を知らなければならないのである。

幸いなことに、今日においても、この内奥の精神を私たちはつかむことができる。なぜかといえば、百姓の暮らしには、時代が変わっても変わることなく受け継がれてきたものがあるからである。もちろん百パーセント同じだということはない。時代とともに、農業のかたちも、百姓的暮らしの様子も、自然も村も変わってきている。村における民衆の暮らしを包んでいるものが変わってきているのである。そうなれば百姓の精神も過去と同じものではなくなるだろう。

だが、にもかかわらず、自然の力を借りながら、自然の生命とともに生きる根源的なあり方は、百姓が百姓であるかぎり変わらない。その点において、中世の人々が本覚思想に「真理」を感じたその精神を、私たちはいまでもつかみうるのである。

百姓の暮らしをすればするほど自然の偉大さがわかる。間引きの例えで述べたように、人間は自然そのもののあり方とは違うことをする。それはときに自己への罪悪感をもたらし、ますます深い自然への尊敬を生みだす。石も土も岩も、木も草も虫も動物たちも、この自然のなかで「おのずから」のままに生きているということ、そのこと自体のなかに穢れなき清浄なものを感じとる。それを清浄なる霊性と表現してもいいし、清浄なる仏性（もちろん仏性は清浄なものにきまっているのだが）と述べてもいい。なぜなら自然の偉大なる力を神の側から表現すれば霊性であり、仏の側から表現すれば仏性だということだけだからである。日本の伝統的な民衆精神では、神と仏は語り方の違いにすぎない。

とするとイノシシと村人との関係で述べた動物と人間の関係も次のような精神と結ばれていることになる。第一に動物たちは偉大なる自然の生き物である。しかし第二にその動物は猟の対象にもなるし、害獣としてみなさざるをえないときもある。この第二のケースでも、実利とか現実とかいう面だけでそれをとらえたら、はなはだしく表面的な認識になってしまうだろう。なぜなら猟の対象、害獣として動物と対面するときにも、人間の側には、そのように対象をとらえることに対する自己疑念は残るからである。

猟の対象にすることが、キツネが野ウサギを捕るのと同じような、つまり自然界のなかで生きる生命のオノズカラの営みなら、それは問題ない。しかし猟という行為のなかに、オノズカラとは異なる我欲が入っているなら、それは肯首されるべきことではない。同じように生命的行為として純粋に田畑を守るのならよいが、田畑を守ろうという意識のなかに自然界にはない作為が富の防衛のようなかたちで入ってしまうのなら、それは生命のオノズカラのつながりとは違う行為になる。

しかも問題は、人間はこの境界線を明確化できないというところにある。極端な我欲にもとづく行為ならわかるが、我欲なき営みのつもりでおこなわれている行為のなかにも、無意識のうちに我欲が入りこんでいるかもしれない。この関係は、人間が「自己」、「我」、「個我」をもっているかぎり、避けられないものであり、そのことに気づいたとき日本の仏教は、日本の自然とともに花開いたといってもよい。

六

一九六〇年代後半のことだけれど、私は『歎異抄』を読んでいて、ふと、悟りとは自己解体に美をみいだすことではないか、と思ったことがある。当時は学生の間で自己否定という言葉がよく用いられていた時代だから、そんなことも影響していたのかもしれない。

新しい自己をつくりだそうとするのではなく、ひたすら自己を解体しつづける。自分を失なわせつづける、といってもよい。何かを求めてではない。ひたすら自分を破壊しつづけるのである。そして、そのなかにしか人間の美はないことを論理としてではなく諒解したとき、悟りとは何かがみえてくるかもしれない。そんな気持だった。その道程のなかで、人はときに座禅を組み、ときに阿弥陀仏にすがり、ときに大日如来の空なる世界と自己を同一化させる。

解体しきった先に、無限の自己、即ち空、あるいは無なる自己をみる。悟りを往生と読みかえれば、『歎異抄』を読みながら悟りを考えるのも、なじまないことでもないだろう。

いまから思うと、ずいぶん観念的なことを考えていたものだと思う。観念のなかで考える人間の限界を示している、といい直してもよい。その限界は、私が自然のなかで暮らす百姓の精神を、村で暮らす人々の精神を知らなかったことからきている。いまでもこの発想は理論としては誤りではないと思っているが、大事な何かが欠けていることも確かである。

もしも自己解体という言葉を使うなら、日本仏教を成立させた民衆は、自然の世界に包まれながら、自然の力を借りて生きていたがゆえに、解体しなければならない「我」

をみいだしていたのではなかったか。それは観念のなかで発見されるものではなく、自然という同朋かつ他者があるからこそオノズカラ気づかされるものであった。日々、日常のなかで、解体すべき「我」と向き合っていたのである。

その意味では日本の民衆思想は他力の思想なのだと思う。自然という絶対的に清浄なものをみいだし、その自然の姿に導かれながら「我」を解体していく。自然を神とする絶対他力の思想が底にあって、その思いに言葉を与えたものが仏教である。

そうだとすれば、民衆のなかに根づいた仏教とは何かを知るためには、自然とは何かを知らなければならないはずだ。もっと大事なのは自然とともに、自然の助けを借りて暮らしながら「我」を手放せない人間の姿を知ることだろう。そしてそのために必要なこと、百姓の営みと村の暮らし、土を耕す……。

そこからしかみいだせない世界のなかに定着したのが、日本の信仰ではなかったか。それを欠いたとき、宗教の考察は単なる教養の研究になってしまう。日本の伝統的な信仰においては、である。

七

日本の人々がキツネにだまされていた時代とは何か。その時代に人々はどのような精神世界をもち、どのように自然とコミュニケーションをとりながら暮らしていたのか。そのような問いをたてるとき、ここにはかなり深い考察課題があることに気づく。現代の私たちの精神世界で「キツネにだまされた」という言葉を用いれば、それはあやしげな話にすぎない。しかし現代の私たちとは大きく異なる精神世界で生きていた人々にとっては、キツネはどのようなものとして私たちの横に存在していたのか。今日の私たちの精神では到達できないものがそこにあったことを、私たちは確認しておいたほうがいい。

そのような視点にたって、この章の最後に次のことにふれておこう。それは生命の個体性について、である。

人間がキツネにだまされなくなっていく頃、村の社会から消滅していくひとつの儀礼があった。もっともその儀礼のいくつかはいまでも残っているから、消滅したというより形骸化したといったほうが正確なものもある。それは民俗学が「通過儀礼」と呼んできたものである。

私が暮らす群馬県の上野村から東京方面に峠を越えると、埼玉県の秩父盆地に出る。上野村は長野県の佐久地方と秩父盆地を結ぶ街道ぞいの村で、現在では街道は国道二九九号線になっている。このような歴史もあって、上野村には佐久地方の文化と秩父地方の文化が入っている。

かつて一九七〇年代に、姫田忠義が『秩父の通過儀礼』というドキュメンタリーフィルムを撮っている。実際にはこのフィルムはおこなわれなくなった儀礼を村人に復活させて撮影した部分も多い。一九六〇年代に村の儀礼は急速に解体していき、何とかそれ以前の姿を記録しようと、細部にいたるまで記憶を残している人がいるうちに姫田が撮ったフィルムである。

通過儀礼とは子どもが大人になる過程でおこなわれる行事のことである。『秩父の通過儀礼』では、子どもが生まれる前、つまり子どもが生まれることを希望する人たちがおこなう村の儀礼から記録されている。子を授けてくれるように神様にお願いする儀礼で、それは山のお堂に行ってお参りし、ときにそのお堂で一晩過ごす儀式である。

妊娠してからもいくつかの儀式がある。子どもが生まれて三日後には雪隠《せっちん》参りがある。かわやの神様に生まれた子を連れて報告に行く行事である。「雪隠」、「かわや」といえば便所のことであるが、いまでも一定年齢以上の人なら、かわやには神様がいると教えられた人も多いだろう。

雪隠参りのときは、子どもの額に墨で「犬」という字を書いて出かける。これは犬の強い生命力にあずかって、丈夫に育つようにということらしい。面白いのはお参りに行くかわやは、自分の家の便所ではなく、隣の二軒の家の便所だということである。なぜそういう決まりになっているのかは、私にはよくわからない。ともかくも、その日が生まれてきた子どもがはじめて家の外に出る日である。

それからもいろいろな行事がつづき、やがて五、六歳になると、子どもたちだけでおこなう祭りや行事に加わるようになる。ここでは年長者が幼少の者たちに教えながら、祭りや行事が遂行されていく、そうやって子どもは次第に若者になり、大人になっていくのである。

雪隠参りなどは上野村でもおこなわれていたと村人は言う。おそらくかなり多くの儀礼や行事が秩父と上野村は共通していたのだろうと思う。上野村では一九六〇年代にほとんどの通過儀礼が消滅した。

このフィルムをみて感じることは、一人の人間の生命に対する感じ方の今日との違いである。現在の私たちは、生命というものを個体性によってとらえる。たとえば、私という生命がある。あなたという生命がある。このふたつの生命は無関係な位置にあるのかもしれないし、何らかの結びつきをもった関係にあるのかもしれない、というように、出発点にあるのは個体としての生命である。

花ひとつひとつにも、木の一本一本にも、虫一匹一匹にも、もちろん動物や人間一人一人にも、それぞれ固有の生命があり、全体的世界を個体の生命の集合としてとらえる。

しかしそれは、特に村においては、近代の産物だったのではないかと私には思えてくる。もちろんいつの時代においても、生命は一面では個体性をもっている。だから個人の誕生であり、個人の死である。だが伝統的な精神世界のなかで生きた人々にとっては、それがすべてではなかった。もうひとつ、生命とは全体の結びつきのなかで、そのひとつの役割を演じている、という生命観があった。個体としての生命と全体としての生命というふたつの生命観が重なり合って展開してきたのが、日本の伝統社会だったのではないかと私は思っている。

この感覚は木と森の関係をみるとよくわかる。木はその一本一本が個体性をもった生命である。だから木の誕生もあるし、木の死もある。しかしその木は、もう一方において、森という全体の生命のなかの木なのである。しかも森の木は、周囲の木を切られて一本にされてしまうと、多くの場合は個体的生命を維持することもむずかしくなるし、たとえ維持できたとしても木のかたちが変わってしまうほどに、大きな苦労を強いられる。

森という全体的な生命世界と一体になっていてこそ、一本一本の木という個体的生命も存在できるのである。

この関係は他の虫や動物たちにおいても同じである。森があり、草原があり、川があるからこそ個体の生命も生きていけるように、生命的世界の一体性と個体性は矛盾なく同一化される。

伝統社会においては人間もまた、一面ではこの世界のなかにいた。人間は個人として生まれ個人として死ぬにもかかわらず、村という自然と人間の世界全体と結ばれた生命として誕生し、そのような生命として死を迎える。人間は結び合った生命世界のなかにいる、それと切り離すことのできない個体であった。

伝統的な共同体の生命とはそういうものである。ところがその人間は「自我」、「私」をもっているがゆえに、共同体的生命の世界からはずれた精神や行動をもとる。だからこそ共同体の世界は、地域文化が、つまり地域の人々が共有する文化が必要であった。それが通過儀礼や年中行事であり、それらをとおして人々は、自然とも、自然の神々とも、死者とも、村の人々とも結ばれることによって自分の個体の生命もあることを、再生産してきた。

このような生命世界のなかで人がキツネにだまされてきたのだとしたら、キツネにだまされる人間の能力とは、単なる個体的能力ではなく、共有された生命世界の能力であった。

第四章　歴史と「みえない歴史」

一

さて、本書の出発点であるキツネにだまされた話に戻ることにしよう。

かつて日本の人々は、さまざまなかたちでキツネにだまされていた、と私は述べた。なぜなら「だまされた」という話はいくらでも存在していたからである。

ところが今日の多くの人たちは言うだろう。それはだまされたのではなく、だまされたと思っただけなのではないか、と。そればかりか自分の失敗の責任をキツネになすりつけたケースも多いのではないか、と。

私がここまでで述べてきたことは、キツネにだまされていた時代とだまされなくなった時代では、人間観も自然観も、生命観も異なっていたということである。それらが異なれば日々の精神的態度やコミュニケーションのあり方なども違ってくる。

とすると、キツネにだまされたという出来事を包んでいる世界が、今日とは異なっていることになる。この包んでいる世界が異なっているとき、同じ現象は発生するのだろうか。

かつて山奥のある村でこんな話を聞いたことがある。明治時代に入ると日本は欧米の近代技術を導入するために、多くの外国人技師を招いた。そのなかには土木系の技師として山間地に滞在する者もいた。この山奥の村にも外国人がしばらく暮らした。「ところが」、という伝承がこの村には残っている。「当時の村人は、キツネやタヌキやムジナにだまされながら暮らしていた。それが村のありふれた日常だった。それなのに外国人たちは、けっして動物にだまされることはなかった」

いまなら動物にだまされた方が不思議に思われるかもしれないが、当時のこの村の人たちにとっては、だまされない方が不思議だったのである。だから「外国人はだまされなかった」という「事件」が不思議な話としてその後も語りつがれた。

同じ場所にいても同じ現象はおこらなかったのである。おそらくその理由は、その人を包みこんでいる世界が違うから、なのであろう。村人を包んでいる自然の世界や生命の世界と、その外国人たちを包んでいた自然の世界や生命の世界が、客観的世界としては同じものでも、とらえられた世界としては異なっている。それがこのようなことを生じさせたのだろうと思う。

いまこの原稿を書いている私の目の前には、夏の群馬県、上野村の景色がひろがっている。何軒かの農家があり、それを黒緑色の森に覆われた山が包んでいる。その上には、いかにも暑そうな夏の空がみえている。

この景色をはじめてみたのは、一九七〇年代に入った頃のことだ。そしてそのときの私は、この山や森に私が立ち入ることのできない自然をみていた。当時の私にできたことは川に降りて釣りをすることだけであって、森のことは何も知らなかったのだから、そびえたつように私の前にあるのが森だったのである。それがその頃の私を包んでいる世界とともにある私にみえている、現象としての森だった。

いまなら少しは違っている。もしかすると山頂にマツタケが出ているかもしれないと感じる。マツタケは九月のものだが、雨上がりのときなどは八月にも、ればかりか梅雨の終り頃にも出ることがある。そろそろ、上野村ではチタケという茸、それにトビタケが出ていてもよい頃だ。それらは見た目は悪いが味はいい。あのあたりは、もう少し木を切ったほうがいいと思う場所もある。あの岩場の下あたりで、いま頃カモシカが昼寝をしているだろう。あの窪のぬかるんだ場所では、シカやイノシシが身体の掃除をしているかもしれない。

いまの私はそんな目で森をみている。客観的には同じ森であっても、私を包んでいる世界が変われば、包み込まれたなかに存在している私からとらえられていく、現象としての森は変わっていく。

人間は客観的世界のなかで生きているのではない。とらえられた世界のなかで生きているのである。とすると、村人はキツネにだまされ、村に滞在した外国人はだまされなかったとしてもそれでよい。なぜなら村人を包んでいる自然や生命の世界、つまり村人によってとらえられた自然や生命の世界と、村に来た外国人によってとらえられた自然や生命の世界は同じではないからである。

そして、だからこそ私は、一九六五年頃まで人がキツネにだまされていたという話の真偽は判定不能だと考える。「私」を包んでいる世界、「私」のまわりに現象として展開している世界が違うのである。そうすれば、その現象として展開している世界とのコミュニケーションのあり方も違う。「私」との関係で現象的な世界が存在し、その「私」との関係のなかにある世界と「私」がコミュニケイトする。しかもその「私」は、現象的世界に包まれた「私」であり、その存在のあり方を共有する村人としての「私たち」と切り離すことのできない「私」である。

ところが現代の私たちはこのような存在ではない。とすれば私たちがキツネにだまされないのも当然のことで、しかしそのことは、かつての人々がキツネにだまされていたということを否定する、いかなる証明にもならない。つまりこの問題は判定不能である。

二

ところで長い間、人がキツネにだまされつづけたということは、キツネにだまされた歴史が存在してきた、と考えてもよいだろう。なぜならそういう歴史のなかで、長い間人々は生きてきたからである。その人間史のなかに、とらえられたキツネの歴史があり、自然や生命の歴史があった。

もっとも今日の歴史学は、それを歴史とは呼ばないに違いない。なぜなら文書で裏付けられた客観的事実をもとにして歴史を再構成していくのが、今日の歴史学の方法だからである。人がキツネにだまされたというような話は、民俗学の興味にはなっても、歴史学の対象にはならない。

しかしそうであるかぎり、別の問題が生じる。キツネにだまされながら暮らしてきた村人の歴史に、生きてきた自然と人間の歴史があるとすれば、それを切り捨ててしまえば、村に生きた人間の歴史も、その人間たちとともにあった自然の歴史も、つかみえないものになってしまう。私の問題意識のなかにあるのは、それで歴史はよいのかという問いである。

昔の歴史学の中心は「制度史」であったように思う。私のように歴史学に取り組んだことのない人間でも、かつては政治制度史、社会制度史、土地制度史といった本を読んだものだった。なぜ制度史が中心だったのかといえば、そこに歴史の核心的な部分が表現されている、と思われていたからである。もちろん制度に関する資料、すなわち文献が豊富であったということも、それを後押しした条件であり、制度の変遷が主観を排した客観的なものと感じられたことも要因のひとつであった。

ところが、もうひとつ別の原因があった。それは歴史が近代へと向い、近代が形成されていく時代には、「社会制度をどのように改革し、創造していくのか」が、人々の大きな関心だったということである。たとえば日本でも江戸後期に入ると、たてまえとしての幕藩体制はいろいろなかたちで矛盾が生じてくる。一方には台頭してくる町人社会があり、武士の位置づけも戦国時代のものとは変わらざるをえない。さらには天皇家と幕府との関係をどう整理していったらよいのか。内部から制度のあり方を問わざるをえない状況が、少しづつ醸成していた。

さらに幕末となり、明治へとすすんでいくと、制度の問題は社会をどうつくるのかという課題の根本的な問題になっていった。近代天皇制をどのように制度化するのか。ドイツ流の政治制度か、フランス流の政治制度か。土地の所有制度をどのように定め、税制度から軍の制度までをどうつくっていくのか。選挙制度はどうあったらよいのか。

人々は未来の社会のあり方をかけて、制度を論じていたのである。そこに、ある時代を包んでいたもの、があった。だからそのようなものに包まれていた人々は、歴史を制度史を軸にしてとらえ、そこにこそ歴史の核心があるという思いをいだいたのであろう。

ところが近代社会のかたちがある程度できあがってくると、人々の気持のなかに違う思いが生じてくる。その原因は、近代の制度やそれを生みだした理念と現実社会の様相がくい違っている、というところにあった。

たとえば一七八九年にフランス革命が成立すると、フランス社会は自由、平等、友愛という理念を掲げ、それを軸にして社会制度や政治制度の整備をすすめる。だがそのことによって、自由、平等、友愛が社会のなかで実現したのかといえばそうではなかった。自由に生きることを許されても、労働者たちは自分の労働力を自由に売ることによって、不自由な労働者になっていくしかなかった。社会はたえず不平等を再生産し、人々は友愛どころか自分のことしか考えないエゴイストへと転じていった。

このような状況のなかで、近代的な自由とは、社会が認めた自由を自由だと思い込む自由しかない、と述べたのはシュティルナーだったし、貨幣が力をつけた社会では人間が貨幣の前に跪《ひざまず》くしかなくなるとヘスは述べていた。トクヴィルはアメリカ研究のなかで、民主的な制度があっても人々の精神が一元化してしまうと、強権的な社会が発生すると語っていた。

制度の改革だけでは解決できない問題があることに人々が気づきはじめたのである。それは人間とは何か、人間の幸せとは何かという問題意識を生みだす。ところがこの問いは、それまでは宗教を介して答えが出されてきただけに、宗教をはずして答えを出すことは簡単ではなかった。

この課題が二十世紀に歴史学の転換をもたらしたと私は思っている。歴史を民衆の歴史、人間の歴史として書き直さなければならないというマルク・ブロック等の問題意識は、制度史から人間史へと歴史学の軸を移すことによって、人間の社会とは何か、人間たちがつくりだしてきた社会史とは何かを考察しようとする試みだったのではなかったか。ここから生まれてきたのが、今日の歴史学の主流になっているといってもよい、歴史社会学、あるいは社会史という方法である。

歴史学は文献＝文書の読解をとおして、過去を忠実に、正しく描こうとする。ところが過去に向ける人間のまなざしは、その時代を包んでいるものとともにある。人間たちはその時代の問題意識をとおして、過去を考察してきたのである。歴史学の前提には、歴史学への意志とでもいうべきものが存在する。

三

私たちは過去がどのように形成されてきたのかを考察することによって現在をつか

み、未来をみつけだそうとする。しかしそれは、大きな錯覚のなかでおこなわれている営為なのではなかったか。

過去とは現在から照射された過去である。

もちろん私たちは、過去のある事実を知っている。たとえばフランス革命は一七八九年に起こった。その事実は誰も否定することはできない。ところが一七八九年にフランス革命が起きたという言葉を発したとき、私たちは単なる事実を述べているのではなく、すでにそれが近代革命であることを知っていて、近代革命のもつ意味を含意させてフランス革命を語っている。すなわちそれは、解釈された一七八九年のフランス革命なのである。そしてその解釈は現在の問題意識をとおしておこなわれ、しかもその問題意識は個人の問題意識であるとともに、その時代に包まれているがゆえに成立する個人の問題意識である。

現在を包んでいるものが、個人にそのような問題意識を成立させ、それを介して解釈された過去が成立する。とするとここに成立した過去とは、事実としての過去ではなく、物語られた過去、ということにはならないか。

同じように、たとえば私たちは一六〇〇年に関ケ原の戦いが起きたという事実を知っている。しかしそれも戦国時代の最終的な終了であり、幕藩体制の確立という、現在の問題意識からとらえられたひとつの時代認識として、私たちは語っている。やはりここにあるのも物語られた過去である。

とすると、事実としての過去はどこにあるのだろうか。認識された過去が、現在性のなかからつかみとられ、展開された過去であるとするなら、事実としての過去はつかみえないものになるはずだ。

だが、しかし、と多くの人は言うかもしれない。たとえ正しく認識することには多くの困難があるとしても、事実としての過去は実際に成立していたのだ。だからそれを正確に読み解こうとして、人々は多くの文献を読み、それを正確に読解しようとして、これまで努力してきたではないか。それを積み上げていけば百パーセント正確な過去はとらえられなくても、事実に近似的な過去は描けるはずではないのか。

このように述べられたなら、私はそれを半分は肯定し、半分は否定するだろう。たとえば近代になって自動車が開発され、移動、運搬手段の中軸になっていった歴史がある。そしてこの歴史は、どのようにして自動車が開発され、いかに改良、量産化され、社会のなかで利用されていったのかを多くの資料を使って精密に考察すれば、事実としての自動車の歴史に近似的な歴史を描くことはできるだろう。

だがそこで問わなければいけないもうひとつのことは、自動車の歴史をとおして研究者は何を語ろうとしているのか、である。近代的な産業の発達史なのか、技術者たちの苦闘の歴史なのか、そこで働いた労働者たちの近・現代史なのか。今日なら環境破壊の大きな原因がいかに形成されていったのかという視点もありうる。私たちを包んでいる世界が、このような視点も要求しているからである。

とすると結局生まれてくるのは、現在の問題意識によってとらえられ、物語られた自動車の歴史、ということになるだろう。

だが、さらに次のように述べるかもしれない。私は一切の主観を排して、客観的事実だけをとらえようとしているのだ。とすればみえてくるのは、純粋な事実だけなのではないか、と。

このような問いかけに対して、私はふたつのことだけを述べておくことにしよう。ひとつは、人間は主観を排することができると思うことはできても、主観を排することはできないということである。なぜなら人間は、主観とは個人的に産出したものだと錯覚しているけれど、実際にはその個人を包んでいる世界のなかで個人的に形成されたものだからである。つまり、包んでいる世界がたえず主観を要求し、それと向き合うとき生まれてくるのが主観である。だから自覚的であれ、無自覚的であれ、包んでいるものと向き合うことをやめることができない以上、人間は主観を捨て去ることはできないだろう。

もうひとつ指摘しておかなければならないのは、「客観的事実」とは何か、である。たとえば一八六八年に明治政府が成立したのは客観的事実である。ところがそれを語ろうとするとき、前提として、そのことによって歴史が動いていったという主観が介在する。つまりこういうことである。一八六八年に江戸は東京に変わり、東京に新しい中央政府が設立された。だがそれがすべての人の出来事だったのかといえばそうではない。まだ各地の藩も残っていた。村々では一八六八年になっても、変わることのない村人の生活と労働があった。一八六八年に何の転機も迎えなかった多くの人々がいたのである。

とすると、そのどちらを重視するのか。描かれているのは主観によって選択された「客観的事実」である。

だが、と再び反論する人はいるだろう。確かに一八六八年になっても何の変化もなく暮らしていた人がいたことは事実だとしても、その人たちも次第に明治政府の成立によってさまざまな影響を受けることになるではないか。そうであるなら、その人たちにとっても一八六八年は、変化がはじまる年であったと考えてもよいはずだ、と。

確かにそのとおりである。村で「明治維新」がはじまるのは、それから何年かたってからかもしれないが、その方向性が一八六八年から引かれていたことは確かだ。

しかしそのことを指摘するなら、次のこともまた指摘しておかなければいけない。それは明治政府の成立によって、そのときも変わることなく生活していた人々が影響を受けたように、明治以降の政治史もまた、土を耕やし、村に暮らした人々の影響を受けつづけたということである。その人たちの変わることのない生活と労働の態度に無言の圧力を受けながら展開していくのが、日本の近代史である。

とすれば、一八六八年の明治政府の成立だけを選択するのは、異論をさしはさむ余地のないことではない、ということにはならないか。生活や労働の態度を変えることなく暮らしていた人々の様子を一八六八年の出来事として選択し、その人たちが日本近代史にどのような影響を与えつづけるのかという視点から、歴史を読み解くこともできるのである。

四

ここで私が問おうとしているのは、歴史に普遍的な事実はあるのかという課題である。

前記したように、年表的事実ならそれはあるだろう。日本で大化の改新が成立したのは通説に従えば六四五年のことで、これは否定のしようもない。しかし、大化の改新とは何か、ということになるとそれはさまざまである。当時の権力者たちのなかにおいてさえ、この改革によって権力を掌握した人々によって物語られた大化の改新があり、このことによって権力を失なった人々の意識のなかで物語られた大化の改新があったはずだ。さらに、権力の世界にいながら傍観者としてふるまった人々の物語る大化の改新もあったことだろう。当時の百姓たちによって物語られた大化の改新とは何か。それも畿内地方の百姓と関東や東北の百姓とでは、当然異なった物語として大化の改新は成立していただろうし、その百姓も主たる労働が農業という人と、主たるものが農業以外の何かという人とでは、目に映った大化の改新が、つまり物語られた大化の改新が違っていただろう。

七世紀の同時代だけでも大化の改新は多様に存在していたはずなのである。ましてやそれ以降の大化の改新の「研究」となれば、その時代の問題意識、すなわち先程述べたその時代の意志、歴史学への意志をはらませながら、それは展開していくことになる。

そのすべてが大化の改新なのである。さまざまな人々の世界からつかみとられた大化の改新。ここに普遍的な客観的事実は存在するのだろうか。むしろ歴史はさまざまに存在し、それらが重なり合いながら展開しているのではないだろうか。

五

かつて私たちは、人間たちの時代経過のなかに、ひとつの歴史が貫かれていると教わった。しかしいま考えてみると、この歴史観は「中央」あるいは「中心」の成立によって誕生したのではないかと思われる。

たとえば『古事記』、『日本書紀』は、古代王朝という「中央」が成立することによって書かれた歴史である。そしてこの「中央」にとっては、『古事記』、『日本書紀』は、「正史」として機能する。

「中央」の成立は、「中央」の「正史」を、すなわち「中央」が物語った歴史を成立させた。それは古代王朝の時代に限ったことではなく、どの時代にも成立する。いわばそれは「正史」としての「私史」である。

問題はこの「私史」がいつ「日本史」に変わったのかである。それは「中央」の「私史」が「国民の歴史」に変わったことを意味する。

「日本史」、あるいは「フランス史」とか「アメリカ史」のようなものであっても同じことなのだけれど、「国民の歴史」の成立は国民国家の形成と一対のものであった。「中央」史が国民の歴史に転ずるためには、歴史を共有した国民という擬制の誕生が必要であり、その国民が「中央」と結ばれた存在になることによって、中央史が国史、あるいは国民の歴史として機能するようになったのである。

そのとき多様に展開していた歴史は、統合史、統一史へと統合された。歴史はひとつのものになり、国民にとっての客観的事実とみなされるようになった。

そのとき歴史学は、客観的事実の中味をめぐって争った。「本当の歴史」を、それぞれの視点から書こうとした。しかし、統合された歴史が誕生したという、そのことの意味を問おうとはしなかった。

国民国家、すなわち人間を国民として一元的に統合していく国家は、国民の言語、国民の歴史、国民の文化、国民のスポーツといったさまざまなものを必要とした。求められたのは国民としての共有された世界である。そのひとつが国民の歴史であり、私たちにとっては日本史である。そして、だからこそその歴史は人間の歴史として書かれた。

かつてさまざまに展開していた「村の歴史」はそのような歴史ではなかった。それは自然と人間が交錯するなかに展開する歴史であり、生者と死者が相互性をもって展開していく歴史であった。なぜなら「村」とは生きている人間の社会のことではなく、伝統的には、自然と人間の世界のことであり、生の空間と死の空間が重なり合うなかに展開する世界のことだからである。

ところで「中央の歴史」としての「国民の歴史」が書かれるようになると、その「歴史」には共通するひとつの性格が付与された。現在を過去の発展したかたちで描く、という性格である。

「中央の歴史」と「国民の歴史」をダブらせて共有させるためには、歴史は多少の問題はあっても、基本的には良い方向に動いているという、もうひとつの擬制を成立させる必要があった。過去よりは現在の方がマシだという感覚の共有があってこそ、「中央の歴史」、「国民の歴史」は肯定的な合理性を与えられるからである。

それは簡単な方法で達成される。現在の価値基準で過去を描けばよいのである。たとえば現在の社会には経済力、経済の発展という価値基準がある。この基準にしたがって過去を描けば、過去は経済力が低位な社会であり、停滞した社会としてとらえられる。あるいは今日の社会には、科学や技術の発展という価値基準がある。それを基準にするなら、過去はやはり低位な未発達の社会として描かれる。人権という今日の価値基準にしたがって過去を書いても同じことであろうし、市民社会の発展という価値基準から過去をとらえても同じことであろう。なぜなら過去の社会は、今日的な意味での経済力や科学、技術、人権、市民社会といったものに価値をみいださずに展開していたのだから、今日の基準から過去を考察すれば、みえてくるのは「遅れた社会」である。

こうして歴史は無意識のうちにおこなわれる「悪意」によって書き直されるのである。ところが「私たち」にはこの歴史が正統な歴史のように感じられる。なぜなら「私たち」はその価値基準を共有していて、この価値基準を介して生まれた「実感」と書かれた歴史は合致するからである。

だがこの精神の展開は、現在の価値基準からはとらえられないものを、みえないものにしていく作用を伴う。たとえば自然との結びつきのなかに歴史が展開するというような歴史は、現在の価値基準からは「みえない歴史」に変わるし、生者と死者の相互的結びつきのなかに展開する歴史も同様である。キツネにだまされながら形成されてきた歴史も、過去の人々の微笑ましい物語にしかならないだろう。

六

「国民の歴史」は、宿命的に、発展の歴史として描かれるしかないのである。ここに生まれた「発展」というイデオロギーこそが、人々を「国民」として統合し、その「国民」は「中央の歴史」を共有しているという擬制を成立させるために必要だったからである。「国民」としての達成感が、この歴史の基底にはなければならなかった。

この歴史を「直線的な歴史」ということもできる。歴史が過去を乗り越えていくものとして、直線的に描かれていく。

自然と人間の関係や、生者と死者の結びつきによって展開していく歴史は、そうはいかない。なぜなら簡単な理由があって、自然は過去を乗り越えようとはしないし、死者もまた同様だからである。すなわち、自然も死者も永遠の存在であって、どちらもが「あるがまま」でありつづける。この歴史は存在するだけであって、乗り越えていくというような指向性はもたない。

ところで近代に入って国民国家が形成され、歴史は乗り越えられていくもの、その意味で発達していくものという感覚が生まれたとき、現実には「歴史の発達」から取り残され、むしろそれまでの生活を破壊されたといったほうがよい多くの人々がいた。たとえば職人としての仕事を失なってその日暮らしの労働者になっていった人々や、農地から追いだされていく人々、さらには植民地の形成によってそれまでの暮らしを破壊されたアジアやアフリカ、アメリカなどの人々である。その人たちが直面していたのは、「崩壊していく歴史」でしかなかった。

実際には、歴史がそのすべてにおいて進歩、発達していくことなどありえない。何かの進歩は、必ず別の何かの後退を招くと考えたほうが妥当である。

今日の私たちは「環境問題」をとおして、そのことを学んだように思う。自然環境という視点からみれば、歴史は「後退の歴史」であったことが誰の目にも明らかになったからである。

本当なら近代形成期にそのことに気づいてもよかった。もちろん「環境」という視点についていえば、そのことは近代形成期にはまだほとんど人々の念頭にはなかったのだから、ここでは問題にしないでおこう。だがそれまでの労働と暮らしを崩壊させられた人々の世界では、ある面での歴史の発達が、ある面での歴史の後退、崩壊をもたらすということは、目の前の現実として提起されていたはずなのである。

ところがこの現実を多くの人々は「歴史の後退」としてとらえようとはしなかった。ここで大きな役割をはたしたのは社会主義者たち、とりわけマルクスとその支持者たちであった。マルクスの歴史観は近代的な資本主義社会の形成を、歴史の発展の一段階として肯定する。その意味ではマルクスは資本主義を否定してはいない。ところがこの資本主義は多くの矛盾をもっていて、この矛盾は資本主義の下では解決できない。ゆえに歴史の次の発展段階として社会主義社会の建設が必要だ、というのがマルクスの発想だった。

そう考える理由のひとつは、資本主義になってもたらされた生産力の発展を、マルクスが肯定的にとらえたことにある。なぜそれを肯定しなければならなかったのかといえば、彼の思い描いていた社会主義社会は生産力が最高度に発達した社会のことでもあったからである。発達した生産力をみんなが平等に享受していく社会が社会主義社会であり、とすれば多くの問題点をもちながらも生産力の発展に道筋をつけた資本主義の成立を、歴史のひとつの発展段階としてとらえざるをえなかった。

近代社会の形成によって生じた矛盾に目を向けた思想が、より強力に歴史を発達史としてとらえてしまったのである。それが、その後の歴史学の世界では大きな力をもつことになった、マルクス主義系の歴史学を覆うことになる。こうして国民国家と資本主義の形成を肯定的にとらえた側と、それを批判的にとらえた側の双方が、歴史を発達史として語るという現実が生まれてしまった。

七

いま私たちが歴史だと思っているものは、このようなさまざまな要素によってつくり上げられたものだといってもよい。歴史のとらえ方がつくり上げられることによって、物語られた歴史がつくり上げられたのである。

それが発達していく歴史、乗り越えられていく歴史というかたちで物語られた歴史であった。ところがこのような視点を打ち立ててしまうと、その視点からはみえない部分が生じてしまう。第一に、自然と人間の結びつきによって生まれる歴史の大半は「みえない歴史」にされるだろう。もちろん自然と人間の歴史のなかでも、ある時代に新しく生起したことは「直線的な歴史」のなかで語ることもできる。たとえば森林の歴史をみれば、古代都市の形成は周辺の森を荒廃させた。中国山地における製鉄の展開も、この地域の森を荒廃させている。日本で本格的な植林＝人工林づくりがはじまるのは江戸中期のことで、日本中で人工林づくりがおこなわれたのは戦後のことである。

このような歴史なら、「直線的な歴史」のなかでみえてくる。だが森林と人間の歴史はそれがすべてではない。ほとんど変化らしい変化もなく、森の近くで森とともに暮らしてきた人々の歴史もあるし、そのような人々の近くで大きな変化を受けることなく展

開してきた森の歴史もある。実際にはこの後者の歴史の方が大きなひろがりをもってい
た。少なくとも戦後になって全国的に人工林づくりがすすむようになる以前には、であ
る。

ところがこの歴史は、「直線的な歴史」からは「みえない歴史」として存在している。
しかもこの「みえない森と人間の歴史」のなかに、生者と死者とが結びあって展開す
る歴史もまた成立していた。死者の魂が森に還り、自然と一体になって村の神になって
いく、あの歴史である。いわば発展とか発達、乗り越えていくといった言葉とはいかな
る結びつきももたないこれらの歴史が、「みえない」が故に切り捨てられてきたのがい
ま私たちの知っている歴史である。

とするとキツネに人がだまされてきた歴史も、「みえない歴史」のひとつだということ
はできないだろうか。

第五章　歴史哲学とキツネの物語

一

「記憶に結びつく『歴史』、理性の成果である『哲学』、そして、想像が産みだす『芸術』」（ダランベール『百科全書』序論、一七五一年、橋本峰雄訳）

一九六〇年代の後半にはじめてこの文章を読んだときは、私はこの表現に反発したものだった。歴史は「記憶」などという不確かなものではなく、確固とした過去の事実だとその頃は思っていたからである。もっともこの「批判」は不当ないいがかりというものであろう。なぜならディドロ、ダランベールといった「百科全書」派の人々は科学的な考察を重視していたのであって、彼らにとって歴史とは科学的に考察された過去の事実だったからである。とすると当時の私は「記憶」という言葉に対して、不正確に反発していたことになる。

「発展的あるいは発生的歴史　この段階において初めて、歴史的知識は真に一個の科学となった。何となればここに初めて、特性的に因果関連する諸事実の特殊な領域としての素材の純粋な認識が目標とされたからである。すなわちそれぞれの歴史現象はどういうふうに生成してその時代にそういうものになったか、またそれがさらにいかに作用したかということを知ろうと思うのである」（ベルンハイム『歴史とは何ぞや』一九〇五年、坂口昂・小野鉄二訳）

ややわかりにくい文章だけれど、要するにすべての歴史的現象には原因があり、生成過程があり、その結果として形成されているという指摘である。それをとらえるのが歴史学だから、歴史学者は自分の主観を交えずに、つまり価値中立的に、純粋に、歴史はどのように形成されたのかをとらえなければいけないとベルンハイムは言う。

かつての私もこのような感覚で歴史をとらえていた。だから「記憶」というアイマイな言葉に反発したのである。

ところで、歴史はある種の因果関係によって形成されるという視点にたつと、ここからは古典経済学の形成過程と同様なやっかいな課題がでてくる。それは人々の「自由な」行動と歴史の動きはどんな関係になっているのか、ということである。

経済学でいえば次のようなことであった。たとえば大航海時代には、一人の勇気ある人間が現われ、「財宝」を求めて航海にでる。その男に何人もの人たちが投資し、必要な資金を提供する。その男が無事に「財宝」を積んで港に帰ってくれば、その男だけでなく、投資した人々も大金持になる。そうなると家の新築、増改築から家具などの調度品も売れるようになり、町全体が活況を呈するようになる。ところが嵐にあって船が沈没したりすると、出資者たちのなかからも破産する者がでたりして、町全体の経済が低迷してしまう。

つまり勇気ある男の出現とか、嵐にあうといった偶然的な要素が、現実には経済に多大な影響を与えたのである。

それは産業革命の時代になっても変わることはなかった。一人の「優秀な」経営者や技術者の登場、鉱山の発見、戦争の勃発といった偶然が、経済に大きな影響を与えていた。

現実の問題としては、このようなさまざまな偶然に影響されながら経済は展開する。とすると経済全体を貫いている「法則」のようなものは、ベルンハイム的にいえば「原因―生成―結果」の物語は経済全体としては成立しない、ということになるのだろうか。

この課題に挑戦したのが古典経済学の創始者たちだった。ウィリアム・ペティからアダム・スミス、リカード、マルクスといった人々がおこなった仕事は、一見すると偶然性に満ちているようにみえる経済の奥に、全体を貫く「経済法則」が存在していて、経済を動かしているのはこの「法則」なのだという提起だった。

同じことが歴史学にもいえた。たとえば日本の戦国時代をみてみよう。そこにあるのは武将たちの偶然性に満ちた展開である。とすると歴史全体を動かしている「原因―生成―結果」の物語は存在しないのだろうか。

二

近代における歴史研究をみるなら、この問いに対する答えはふたつの道をたどったように思う。ひとつは過去の文書を正確に読みながら、歴史を客観的なものであり、合理的な展開を遂げてきたものとして考察しようとする道である。ここに歴史学が生まれてくる。もっともアナール派以降の歴史社会学は、歴史を民衆によって社会化された時間の経緯としてとらえようとしはじめるが、そこでも歴史を客観的、合理的にとらえることが批判されているわけではなかった。

もうひとつ、哲学者たちによってとらえられた歴史、すなわち歴史哲学の方向があった。個々の人間たちは「自由」に、勝手に行動しているのに、なぜ全体としての歴史はひとつの方向性をみせるのかという問いは、すでに十八世紀にカントによって発せられている。たとえば『道徳形而上学原論』(一七八五年)では、この問題は人間の自由意志と普遍的な自然法則との関係を解く試みとして展開されている。

この問いに明確な「解答」をだしたのは、シェリングを経て登場してくるヘーゲルであろう。ヘーゲルには彼の死(一八三一年)後にまとめられた講義録『歴史哲学』という大著が存在するが、ヘーゲルにとって歴史とは、歴史を動かす絶対的な意志、人間を超越した崇高な意志、その意味で神の意志の自己実現過程であった。

さて私がこのようなことを述べてきたのは、歴史哲学について解説しようと思ったからではない。そうではなく、近代形成期の歴史学も歴史哲学も、ヨーロッパ特有の発想の上に成り立ったことを述べたかったからである。たとえそれをキリスト教の神だと言わなかったとしても、歴史には超越者の意志、神の意志が働いているという発想にも、また歴史は合理的な因果関係によって展開していて、この合理的な因果関係に絶対性をみる発想にも、ヨーロッパ特有の精神が投影しているのである。確かに後者は神を歴史から排除したが、そのとき合理的な因果関係という神にも似た超越者を設定することを忘れなかった。

とすると次のようなことは言えないだろうか。いま私たちが歴史としてとらえている世界は、ヨーロッパ的ローカルの精神によってつかみとられた物語だということは、……。そしてもしもそうなら、キツネと人間の関係によって展開した歴史などは、この物語からはみえない歴史にならざるをえないのである。

三

「世界はわが表象である」はショーペンハウエルの言葉である（『自殺について』一八五一年、斎藤信治訳）。人間は自分の内なる世界から、外の世界をもとらえている。とすると、歴史は客観的な合理性をもち、「原因―生成―結果」として展開しているという歴史認識も、「内なる世界」がそのような歴史の見方を強要している、ということにはならないか。

いまヨーロッパ近代の哲学史を振り返ってみると、そこにはふたつの大きな流れがあったことがわかる。ひとつは資本主義と近代的市民社会を形成していくヨーロッパ近代史を、良好に歴史が展開している過程として肯定的にとらえる流れである。近代国家の形成、自由の発展、経済の拡大、そういう近代史の過程を歴史の発展としてとらえる精神がここにはあった。たとえば前記したヘーゲルもその一人である。彼にとっては近代国家と市民社会の形成過程こそが、「人倫態」の成立過程であり、自由の実現過程であって、それが歴史を動かす絶対精神の自己実現過程としてとらえられた。

ところがそれとは異なるもうひとつの哲学史もヨーロッパの近代―現代史は形成している。その一人がこの節の冒頭で紹介したショーペンハウエルである。

ヨーロッパ近代がその姿をみせる十九世紀に入ると、近代社会の形成に人間の頽廃を感じとった一群の思想家や文学者たちがでてくる。ショーペンハウエルもそのなかの一人で、いま私たちはその一群の人々をロマン主義、あるいはロマン派の人々と呼んでいる。

ショーペンハウエルが課題にしたことのひとつは、人間は客観的な世界のなかでのみ生きているのではなく、客観化できない世界、すなわち「世界はわが表象である」というような世界のなかでも生きている、ということであった。そして、もしそうだとするなら、自然と人間が存在する世界の少なくとも半分は、客観的に時間の経過をとらえようとする歴史学では考察できないことになる。

このショーペンハウエルの問題意識を引き受けた一人に、二十世紀初頭に活躍したベルクソンがいる。彼が問題にしたのは、時間を持続させながら存在していく自然と人間の根源にあるものは何かであり、彼はそれを知性を超えたものとしての生命それ自身のなかにみた。そしてもしもベルクソンの言うように、知性は生命のごく一部にすぎないとするなら、知性によってとらえられた歴史を歴史の全体にしてしまうことは、全く不当な試みだということになるだろう。なぜなら知性によってはとらえられない生命の歴史が存在しているはずだからである。知性を絶対化するならこの生命の歴史もみえない歴史になる。

ところでこのような問題意識は、現代哲学ではありふれたものになっているといってもよい。ヨーロッパが生みだした思考は、今日では、挫折感を伴なわずに語ることのできないものになっている。たとえばパウル・ファイヤアーベントは次のように述べる。

「西洋の拡張の知的な体裁を整えるために用いられてきた二つの観念、つまり〈理性〉の観念と〈客観性〉の観念を私は批判する」(『理性よ、さらば』一九八七年、植木哲也訳)

人間の知性も、知性によってとらえられた世界も、もはや絶対的なものではなく、少なくとも制限されたもの、あるいは否定的なものになった。

「我々は自分の存在が無であること、あるいは大したものではないことを知っているのに、この我々の知が本当に知であるのかどうかは、もはや知ることができない」(レヴィ＝ストロース『遠近の回想』一九八八年、竹内信夫訳)

現代の思想家たちの著作から、このような文章を抜き出すことは、今日では極めて容易である。とすればこのような問題意識をもちながら、歴史を再考することもできるはずである。

四

もしも歴史が記憶のなかに保存されているとするなら、もっともミクロな歴史は私たちが記憶している個人史だということになる。ところがこの歴史は、自分の体験してきた歴史であるにもかかわらず正確には再現できない。

たとえば〈私〉がいま五十歳だとするなら、私の身体のなかには五十年の時間の経過が記憶されていることになるだろう。ところがその時間の全体は再現できない時間、つまり思いだせない記憶としてあって、〈私〉が記憶として自覚できるものは、この五十年の時間のなかのいくつかの点と、その点と点を結ぶ細い線でしかない。〈私〉はあるとき小学校に入学し、またあるとき中学に入った。このふたつの点は覚えているとしよう。といってもそれもまた入学に関わるすべてのことではなく、そのとき桜が咲いていたとか、何となく嬉しかったとか入学式の光景の一部とかいった点にすぎないのだが。

だがともかくも点が現われてくることによって、その点と点を結んでみると小学生時代という一本の線が生まれ、次にその線上にある点を思いだしてみると、自分がいくつかの記憶をもっていることに気づく。

しかしそれは〈私〉が過ごした六年間の時間のほんの一部でしかない。たとえば小学校四年生のときの十月二十日の夜に、眠ろうとしている〈私〉は何かを考えていたはずだ。ところがその記憶はどこにもない。

とすると記憶は消えてしまったのだろうか。もしも〈私〉の記憶が消えてしまっているとすれば、〈私〉の歴史が消えてしまっていることになって、〈私〉は歴史をもたずに漂っていることになる。

おそらくそうではあるまい。記憶や歴史は消えたのではなく、みえなくなってしまっているのである。一体何を介してみえないのか。「自覚」、「知性」、「理性」、「意識」、……。仮にそれを「知性」と表現しておくなら、知性を介するとみえなくなった記憶として、私たちの身体のなかに存在している、ということであろう。

とすると、その「知性」とは何か。それは現在の問題意識によって再創造された知性である。私たちは自分の知性に対してさえ、そのすべてを知っているわけではない。現在の問題意識によって再創造された知性だけが、私たちにとっては自覚された知性として存在している。

自覚された知性に映しだされた記憶だけが、私たちが記憶として知っているものである。

その結果次のようなことがおこる。もしも私たちに何らかの変化を生じ、自覚された知性の内容が変化すると、映しだされる記憶も変わる。たとえばこういうことである。二十歳の頃の〈私〉は人間は孤独なものであり、孤独という重圧に押しつぶされそうになって生きているのが人間だと思っていたとしよう。そのような人間認識や自己認識が「自覚された知性」としてあった、としよう。そういうときには、この知性によってみえてくる記憶ばかりがみえてくる。小学校のときの〈私〉も孤独な〈私〉の記憶かもしれない。友達の記憶も、友達と一緒にいるのになぜか孤独だった〈私〉の記憶かもしれない。

ところがそれから十年がたち、〈私〉が三十歳になった頃、〈私〉の自覚された知性が変化したとしよう。人間はけっして孤独ではなく、たえず他者とともに生きていて、そのことに安らぎを感じるようになったとしよう。そうすると自覚された記憶も変化する。家族とともにいた時間や友だちとともにいた時間、自然とともにいた時間などが、ともに存在した時間として記憶のなかにみえてくる。

すなわちこういうことであろう。私たちの身体の内部には膨大な記憶がある。ところがそのほんの一部分しか私たちは再生できなくて、大半はみえない記憶として存在している。

五

ところで私はここまで、「みえない記憶」を現在自覚されている知性からはみえないものとして記述してきた。ゆえに現在自覚されている知性が変われば、別の記憶が「みえる記憶」として映しだされてくる、と。

ところがこのような視点だけで記憶について語るのは十分ではない。なぜなら記憶には、知性を介してはみえることのないものが大量に存在するからである。

たとえばそのひとつは身体の記憶である。職人は仕事の仕方を身体で記憶している。手自身に蓄積されている記憶、眼自身に蓄積されている記憶、耳、鼻、皮膚……、そういった身体自身に蓄積されていて、身体を介してしか再生されない記憶が私たちにはある。それは自覚された知性によってはとらえることのできない記憶で、ところが身体を使ったときには再生されてくる記憶である。だから何年間もその仕事をしていない職人でも、もう一度その仕事をすることになると、彼の眼や手は仕事の仕方を記憶していて同じ仕事をおこなうことができる。

もうひとつ、知性からは「みえない記憶」として、生命それ自身がもっている記憶をあげておいてもよいだろう。それは生きているということ自体がもたらした記憶といってもよいし、生命の躍動や生命の停滞とともに蓄積された時間の記憶である。

この生命の記憶を概念的に語るのはむずかしい。なぜなら生命それ自体が語りうるものではないからである。語りうるものならそれは知性の領域に属するのであり、生命は知性からは「みえないもの」でありつづける。したがってもしもそれを語ろうとするなら、何かに仮託して語るしかないのである。

たとえば前記したショーペンハウエルは、「死とともに意識はたしかに消滅してしまうのである。これに反して、それまで意識を生み出してきていたところのそのものは決して消滅することはない」(前掲書)と書く。ここでは「意識」と「意識を生みだすもの」という概念を設定することによって、この「意識を生みだすもの」に仮託するかたちで、人間の根源的な生命のあり様を語らせている。

「直観は精神そのものだ、ある意味で生命そのものだ。知性は物質を生みだした過程にまねた過程がそこに切りだしたものにすぎないのだ。……知性からはけっして直観に移

れないであろう」（ベルクソン『創造的進化』一九〇七年、真方敬道訳）

ここでは「知性」と「直観」という概念を設定し、「直観」に仮託するかたちで生命のあり方を語らせている。

このように、根源的なものとしての生命は、つねに何かに仮託することによってしか語ることのできないものなのである。かつて鈴木大拙はそれを「霊性」という言葉に仮託した。一般的には「魂」とか「霊」という言葉に仮託されることもある。「遺伝子」もそれが生命を仮託したものであるなら正当に受けとめてもよかったのだが、自然科学者たちは「遺伝子」を仮託ではなく生命を司る実体としてとらえたために、泥沼に陥ったように私にはみえる。

六

もっともミクロな歴史である個人史をみても、そこには大量の「みえない歴史」が存在しているのである。それは人間の存在の根本にかかわることで、意識されていない知性の記憶、身体の記憶、生命の記憶というようなものは、私たちの「現在の知性」の及ばないところにある。さらに、もしも生命の記憶のなかにはかつてユングが述べたように、生まれてから以降の経験した歴史だけではなく、生命を受け継いできた「人類史」、「生物史」の記憶までが無意識の集合意識として潜んでいるとするなら、「みえない歴史」はさらに深淵で広大な世界を形成していることになる。

私たちはこのような歴史世界のなかに存在しているのである。ところが知性によって語られた歴史だけが歴史であるように思える、現象的な精神世界のなかで暮らしている。とすると、全体としての自分の存在と、知性によってつかみとられた現象としての自分の存在の間には、大きな乖離が生じているということになる。

そして、この乖離こそが今日の私たちの状況をつくりだしているような気がする。

近代の思想は人間の知性に絶対的な信頼をよせた。いまその象徴的な哲学として、十七世紀に書かれたデカルトの『方法叙説』をあげることは容易であるし、前記した「百科全書」派の人々もこの傾向を代表している。もっともそのことに対しては、十九世紀に入ると、ショーペンハウエルたちのロマン派からの抵抗が生まれるし、二十世紀に入れば哲学の世界ではこの動きはますます大きくなってくる。だがそのような反撃があったとしても、全体的にみれば、知性への信頼は確固としたものとして存在していた。

そのことが歴史を発達史として描かせた大きな要素だったのではないかと思う。知性は現在の問題意識に依りながら、歴史はどのように形成されてきたのかを知ろうとする。どのような原因があり、どのようなプロセスを経てその時代は形成されてきたのかを合理的に知ろうとするのである。発生史的な、あるいは発達史的な歴史の把握の誕生である。しかもこのような歴史観が成立していく背景には、発展していくヨーロッパという近代ヨーロッパの人々の実感に裏付けられた「思い込み」があった。

歴史を発展法則のなかでとらえようとしたヘーゲルやマルクスの歴史哲学が成立してくる基盤も、このことのなかにあったといってもよいだろう。こうして現在の問題意識を介して、知性によってとらえられた歴史がゆるぎない歴史としての位置を確立していった。

今日の私たちはこの歴史の世界にまきこまれている。だから、たえず発達史的な歴史を求める。知性でとらえられるかぎりの発達史的な歴史を、である。

そして、知性でとらえられた発達史的な歴史はひとつづつ実現していったというのに、私たちは何となく充足感をもっていない。このことに対して「物質的な豊かさから心の豊かさへ」などと言う人がいるけれど、問題はそんなに簡単ではない。なぜなら発達史的な歴史のなかで実現されたものは、けっして「物質的な豊かさ」にとどまらないからである。

私たちは気軽に旅に出られるようになった。その気になれば世界中の情報を集めることもできる。言論や出版、思想などの自由もほとんどが実現している。教育の機会は満ちあふれ、政治に対する選挙制度なども確立している。街は人にあふれ「自由な市民社会」を人々は享受している。もちろんそういうすべてのことが、深く探れば何らかの問題をかかえているけれど、知性がみつけだした発達した社会のイメージは、そのほとんどが実現しているといっても私は構わないと思う。実現したのは「物質的豊かさ」だけではない。

ところが、にもかかわらず充足感に乏しい。一体何が乏しいのか。

身体の充足感。生命の充足感。現在の問題意識から切断されているがゆえに「みえなくなった知性」の充足感。

知性を介してしかとらえられない世界に暮らしているがゆえに、ここからみえなくなった広大な世界のなかにいる自分が充足感のなさを訴える。それが今日の私たちの状況であろう。そして、だからこそ、この充足感のなさを「心の豊かさへ」などと再び知性の領域で語ってみても、何の解決にもならないだろう。

七

さて、もう一度「歴史」に戻ろう。私たちが歴史としてとらえてきたものは、知性によって物語られたほんの一部分の歴史にすぎない。そのまわりには、広大な「みえない歴史」が存在している。とするとこの「みえない歴史」はつかむことができないのだろうか。

私はつかむことができないとは思っていない。知性を介しては、より厳密にいえば現在の問題意識と結ばれている知性を介しては、つかむことができないのである。それは非知性の領域においてしか、つかむことができない。

おそらくこういうことであろう。私たちには合理的な説明はできないけれど「わかる」こと、「納得できる」こと、「諒解できる」ことなどがある。知性では説明できないのに、自分の身体や生命はつかんでいるのである。身体の記憶や生命の記憶に照らしたとき、それはよく「わかる」ものとして現われる。

すでに引用したように、ベルクソンは「直観は精神そのものだ、ある意味で生命そのものだ」と書いた。「知性からはけっして直観に移れないであろう」とも。

それは、知性を介さずに「わかる」ものの現われ方のひとつだといってもよい。私たちは直観というかたちでものごとを「つかん」だり、判断したりすることがあるけれど、身体や生命による認識や判断は知性を介さないがゆえに、私たちには直観というかたちで現われる。ベルクソンが述べるように、知性から直観は生まれないし、直観は生命そのものから生まれてくる。

私は非知性的な認識や判断をすべて直観と結びつけることはできないと考えているが、私が問題にしているのは、この領域に展開してきた歴史である。

ところで、すでに述べたように、知性による歴史の認識は歴史に合理性を求める。何らかの因果関係によって歴史は形成されてきた、その意味で歴史は発展してきたととらえさせる。時間に発展を要求するといってもよい。つねに時間は直線的に過ぎ去っていって、その過ぎ去る時間のなかに合理的な因果関係が内蔵されているという感覚。それは知性の自己錯覚とうまく結びつく。なぜなら知性は、自分自身をたえず過去から現在、未来へと動く合理性のなかでとらえさせるからである。そのような錯覚された世界のなかに自らを置くことによって、知性は現在の知性自身を肯定する。なぜなら現在の知性は、合理的な発展のうえに成立したと錯覚されるからである。

ところが身体や生命の世界はそういうものではない。身体や生命もさまざまな記憶を蓄積していくけれど、その記憶はたえず受け継いでくれる人々を探す。その受け継ぎは「発展」という形式ではなく、むしろひとつの循環である。技を伝えることによって循環的に再生し、生命を伝えることによって、やはり循環的に再生する。

とすると次のようになるだろう。身体や生命の記憶として形成された歴史は、歴史を循環的に蓄積されていくものとしてとらえなければつかむことができない。「発展していく歴史」は、知性が歴史に合理性を求めたことによって、そのようなものとしてみえてきた歴史であって、それだけでは身体や生命を介した歴史はつかむことができないのである。

八

現代の私たちは、知性によってとらえられたものを絶対視して生きている。その結果、知性を介するととらえられなくなってしまうものを、つかむことが苦手になった。人間がキツネにだまされた物語が生まれなくなっていくという変化も、このことのなかで生じていたのである。

第六章　人はなぜキツネにだまされなくなったのか

一

はじめに述べたように、かつて日本の社会からは、人がキツネにだまされたという物語がたえず生みだされていた。それはめずらしい話ではなく、ありふれたことであったといってもよい。ところが一九六五年（昭和四十年）を境にして、キツネにだまされたという新しい物語が誕生しなくなってしまう。

その頃まで人間をだましていたのはキツネだけではなかった。タヌキ、ムジナ（アナグマ）、オコジョ、イタチ、「オオサキ」、……。例外的な事件まで調べれば、もっと多くの動物だけでなく、鳥や虫の名前もあげることができるだろう。人々はそのようなかたちで自然と関係を結び、自然と人間の歴史を重ねていた。

その歴史がなぜ一九六五年のあたりで終了してしまったのか。この問いに答えるために、はじめに、人がキツネにだまされていた時代とは何かを「人間の存在」、「自然の存在」という視点から再構成してみようと思う。

二

たとえば各地に祀られている仏のひとつに馬頭観音がある。もともとは畜生道におちた人々を救ってくれる観音様であった。ところが、すでに述べたように、村々では馬を供養し、輸送馬の旅の安全を祈って街道のいたるところに建立された。

たとえばお地蔵様が祀られている。もともとはヒンズー教の大地神、地母神で仏教では救済仏となった。日本でひろがったのは平安時代末期の末法思想が展開した時代であった。ところが地蔵信仰が庶民のなかにひろがると、地蔵菩薩は人間たちの願いを何でも背負わされるようになる。子どもを授けてほしいという願い、生まれた子どもが丈夫に育ってほしいという願い、亡くなった子どもの霊を守ってほしいという願い、病気治癒、延命、……。

こんなことにも現われているように、人々はすべてのものを自分たちの生きる地域のなかで組み立て直しながら暮らしていた。神も仏も自分たちの地域のなかで創造し直した。

この発想の奥には、日本的な自然と人間の関係があったのだと思う。かつて安定した村や田畑をつくるためには、村人は地域の自然に大きな改造を加えなければならなかった。なぜなら日本の自然は豊かさを秘めているとともに、そのままでは扱いにくいむずかしさももっていたからである。

一年に何度か訪れる豪雨、豪雪地域もあるし、噴火、地震、地すべりといったさまざまな要素を日本の自然はもっている。そのなかでもとりわけ川をどう安定させるのかは村人にとって重大な問題だった。

今日の日本の川は山間地から流れ落ちてくる支流が次第に一本の本流に集まり海に注ぐ。地図の上には川が線として描かれている。しかし、元々の川はそうではなかった。山間地から平野部に出てくる扇状地のところで、川は分流し暴れ川になった。その後も、ときに幾本もの川に分流し、沼沢地をつくり、広大な氾濫原や湿地を形成しながら海へと向っていた。海岸近くでは川は沼沢地化し、海と川との区別がつかない汽水域がつくられていた。もちろん、そのようなかたちで安定していればそれでもよい。ところが豪雨や雪解け水の入る日本の川では、渇水期と増水時の水量が全く違うから、川はたえず流路を変える暴れ川の様相を呈していた。さらに日本海側では冬の風によってもたらされる飛砂の量も膨大で、それが河口付近で川を堰止め内陸に向って沼沢地を押しひろげた。日本海の海岸地域に安定した農村が築かれるのは江戸時代後期のことで、それは松林を海岸の飛砂防止林として造成し、堤防を築いて川の流路を確定するという大工事の末であった。

日本の自然は一面では確かに豊かな自然であるけれど、他面ではその改造なしには安定した村も田畑も築けないやっかいな自然でもあったのである。それでも日本列島に住む人口が数十万人程度の縄文時代なら、人々は都合のよい場所だけを選んで暮らすこともできたが、農耕がひろがり人口が増えてくると、人々は「危険な地域」にも進出しなければならなくなる。しかもそこに水田をひらくためには、川の安定化だけでなく用水路網もつくらなければならない。用水路をつくるときのむずかしさは、起伏のある場所に水路を開削することだけにあるのではなく、水の取り入れ口が安定的に機能するようにつくることにもあった。水量が激しく増減する川から取水しようとすれば、取水口が流されたり土砂で埋まることも起こる。そうならないようにどう工夫していくのか。

そういう努力によってつくられてきたのが日本の村であり、田畑であった。人々は自分たちの地域が維持できるように自然を改造した。そこに生まれたのが村の自然である。

三

こうやって人々は自分たちの村のなかで、さまざまなものを村に合ったものへとつくり変えながら、自分たちの地域をつくってきた。神や仏も、自分たちの生きる世界の神や仏につくり変えられた。いわば村の神、村の仏になることによって、神も仏も定着したのである。

その村の神や仏の本体は、村の自然であり、同時に村のご先祖様であった。人智を超えた自然こそが神であり、その自然を村の自然へとつくり変え、いまの村の暮らしを守っているご先祖様こそが神だったのである。自然という神とご先祖様という神が一体化して、村の神として祀られるというかたちがここにつくられた。そして仏教の仏もこの神と習合することによって、村に定着したのである。伝統的な村では、神と仏は同じものであり、仏教の宗派はさまざまなものであっても、村では村の仏教でなければならなかった。

四

私が暮らす群馬県の山村、上野村で同じ集落に暮らす人が亡くなった。いまから三年ほど前の二〇〇四年のことである。告別式では、この家は神道であり、葬儀は神式でおこなわれると告げられた。私は「新参者」だからこういうことはよくわからない。「そうか、この家は神式なのか」と思っていると、当然のような雰囲気で僧侶が入場してきてお経を上げはじめた。私は「えっ、これでいいの」という気がしてあたりを見回したけれど、参列者は誰も不思議そうな顔をしていなかった。

その後、お焼香がはじまった。どうするのだろうと思ってみていると、サカキを捧げ、音を出さずに柏手《かしわで》を打つ神道の形式である。僧侶が読経をしている横で柏手を打っていくのだけれど、見回すと誰も不思議そうな顔をしていなかった。

伝統的な習慣を残している山村では、今日でも神仏一体の世界が守られていた。

五

すべてのものを自分の村のなかでつくり変えながら生きていく。そういう生き方をしていた人々にとっては、知性の継続、身体性の継続、生命性の継続が必要であった。ときには人々は知性を働かせて生きなければならない。しかし、知性だけで村の暮らしはつくれない。第二に身体性の継続と継承が必要になる。それは多くの場合は「技」という言葉と同一化していて、田畑をつくる技、用水路を維持する技、道を守る技、石組みや建築の技、山からいろいろなものを採取する技、さらにさまざまなものを加工する技。そういったものが身体に刻み込まれるかたちで受け継がれていくことが必要だった。身体それ自身の力をとおして、村人は一面では村の歴史をつくってきたのである。

もうひとつ、生命性の歴史とでもいうべきものがある。自然の生命と人間の生命が結び合いながら生きてきた歴史である。

日本では、伝統的には、自然を人間の外に展開する客観的なものとしてとらえる発想がなかった。その理由は、村の自然としてつくり変えたものが自然だったからである。自然は自然の力だけで生命的世界を築いているわけではなく、「ご先祖様」の力が加わってつくられているものでもあった。自然の歴史と人間の歴史は一体なのである。

ただしすべての自然がそうなわけではない。山奥には、自然の力だけで展開する自然が存在する。それが人智を超えた自然であった。その自然は人里の生活に危険を与えないがゆえにつくり変える必要のない自然でもあり、純粋な自然である。村とはこの純粋な自然を奥にもち、その下に村人によってつくり変えられた自然と里を展開させる世界であった。

そして人々はこの全体のなかに生命の流れをみた。純粋な自然から里へと降りてくる生命の流れである。自然も人間もこの世界のなかに暮らしている。自然そのものであり、自然に還った「ご先祖様」でもある「神」もこの生命の流れのなかに存在している。だから「神」は純粋な自然としての奥山、霊山に暮らしながら、つくり変えられた自然のなかにも水神や山神として暮らし、さらに里にも「田の神」や「土地神様」として暮らす。同じ神がそれぞれの場所で、それぞれの姿を現わすのである。私たちの祖先はそういうものを「権現様」と呼んできた。

村人たちは自分たちの歴史のなかに、知性によってとらえられた歴史があり、身体によって受け継がれてきた歴史があり、生命によって引き継がれてきた歴史があることを感じながら暮らしてきたのである。日本の伝統社会においては、個人とはこの三つの歴史のなかに生まれた個体のことであり、いま述べた三つの歴史と切り離すことのできない「私」であった。

といっても、次のことは忘れてはならないだろう。それは身体性の歴史や生命性の歴史は疑うことのない歴史であるが、知性の歴史は誤りをも生みだしかねない歴史だということである。人の考えたことは間違うことがある。その理由を、人々は、人間には「私」があるからだと考えた。「私」があるから私の欲望も生まれるし、私の目的も生まれる。そういうものに影響されながら思考するとき、人間は純粋さを失ない誤った判断を下す。といっても「私」をもっているのは人間の属性でもあるのだから、それを捨てることのできない「悲しい存在」が人間でもある。

この思いが自然を清浄としてとらえる心情をつくりだした。穢れを捨て去れないのは人間の側なのである。自然は人間が還っていきたいと願う祈りとともに存在する。

六

キツネにだまされたという物語を生みだしながら人々が暮らしていた社会とは、このような社会であった。そしてそれが壊れていくのが一九六五年頃だったのであろう。高度成長の展開、合理的な社会の形成、進学率や情報のあり方の変化、都市の隆盛と村の衰弱。さまざまなことがこの時代におこり、この過程で村でも身体性の歴史や生命性の歴史は消耗していった。

歴史は結びつきのなかに存在している。現在との結びつきによって再生されたものが歴史である。現在の知性と結びついて再生された歴史。現在の身体性と結びついて再生された歴史。現在の生命性と結びついて再生された歴史。

一九六五年頃を境にして、身体性や生命性と結びついてとらえられてきた歴史が衰弱した。その結果、知性によってとらえられた歴史だけが肥大化した。広大な歴史がみえない歴史になっていった。

七

もっとも、身体性や生命性と結びついた歴史は、もともと知性からはみえない歴史だったといってもよい。それは村人にとっては、つかみとられた歴史、感じられた歴史であり、納得された歴史、諒解された歴史であった。

身体性と結びついた歴史は、身体と結びついた力が受け継がれていくかぎり、感じられる歴史でありつづける。たとえば畑を耕やす技でもよい。その技を受け継いだとき、同じように畑を耕やしてきた人々の身体とともにある歴史が感じられる。それは、ずっと人々はこうやって自然とともに生きてきたのだと感じられるような歴史である。身体とともにある世界が、たえず循環し継承されることによって諒解されていく歴史である。

ところが生命性の歴史は、それ自体としてはとらえようがない。だからこの歴史は何かに仮託されなければみえることはないのである。

「神のかたち」は仮託された代表的なものであろう。村人とともにある「神」は、つきつめれば姿かたちがないばかりでなく教義もない。なぜなら神の本体は自然と自然に還ったご先祖様であり、その本質は「おのずから」だからである。「おのずから」のままにありつづけることが神なのである。だから人々は神が展開する世界に生命が流れる世界をみた。生命を仮託したのが神ではなく、「おのずから」の生命の流れが神の展開なのである。だから人間も「おのずから」に還ることができれば神になれる。

神と生命の世界には「おのずから」があるだけで何もない。ゆえにこの世界は何かに仮託しなければみることができない。その結果生まれてきたのが「神のかたち」なのではないかと私は思っている。

ときに神は山の神や水神、田の神などになって「かたち」をみせる。とともにそれらの神々は「神の物語」という「かたち」で伝えられる。さらに神を下ろし、祀る儀式である祭りという「かたち」をつくることによって神を体感する。ときには山に入って修行をするという「かたち」に身を置くことによって神をみいだす。こうして神はさまざまなものに仮託され、そこに生命の世界を重ね合わせながら、人々は生命性の歴史を諒解してきたのではなかっただろうか。

ところで生命的世界を仮託したのは「神のかたち」だけではなかった。なぜならもっと日常的な、いわば里の生命の世界もまた存在したからである。

この里の生命の世界と神としての生命の世界とが重なり合うかたちで仮託されたものとしては、村の人々の通過儀礼や里の儀式、作法などがあったのだと思う。それらは一面では神事というかたちをもち、他面では日々の生命の営みとともにあった。

そして、最後に、日々の里の生命の世界のあり様を仮託していくものとして、人々はさまざまな物語を生みだしていた。この村が生まれたときの物語。我が家、我が一族がこの地で暮らすようになった物語。さらには亡くなったおじいさんやおばあさんの物語。

生命性の歴史は、何かに仮託されることによってつかみとられていたのである。

そして、この生命性の歴史が感じとられ、納得され、諒解されていた時代に、人々はキツネにだまされていたのではないかと私は考えている。だからそれはキツネにだまされたという物語である。しかしそれは創作された話ではない。自然と人間の生命の歴史のなかでみいだされていたものが語られた。

それは生命性の歴史を衰弱させた私たちには、もはやみえなくなった歴史である。

あとがき

書き終ってみると、なおさら私は日本の近代化とは何だったのだろうかという気持になってくる。それが良かったのか、悪かったのかという価値判断は、まだ後の課題にしておいてもよい。それ以前のこととして、日本の近代化によって生じた変化がまだ明らかになっていない。そんな気持である。

本書のテーマであるキツネと人間の物語にしてもそうである。なぜ人はキツネにだまされなくなったのか。ここには人間たちの自然観の変化も、信仰観や死生観の変化も、そして当の人間観の変化もある。私たちを私たちたらしめている要素のすべてが変わったといってもよい。

精神文化が根本から変わったといってしまえば簡単だ。だがその内容は解き明かされていない。とすると現代の私たちは、歴史の変化の中味がつかめないままに漂っているということにはならないか。不明なのは精神文化だけではなく、私たちの存在そのものでもある。

編集部の川治豊成さんから本書刊行の話をいただいてから四年近くがたった。書きはじめたのは一年ほど前からである。辛抱強く待ちつづけてくれた川治さんにまずお礼を申し上げる。

これほど長い時間がかかったのは、本書を書くために整理しておかなければならないことが簡単ではなかったことにもよっている。日本の伝統的な自然観や死生観、人間観は、そのすべてが合理的に解き明かされるものではなく、つかみとらなければならないものである。日本の伝統的な精神文化の世界には、言葉にできないものが埋め込まれている。

おそらく私は、これからも、本書のテーマを追いつづけなければならないだろう。歴史とは何か。近代史とは何か。自然と人間の存在とは何か。そんな気持をもちながら、一旦、筆を置くことにする。

二〇〇七年十月

内山　節

N.D.C.201　178p　18cm
ISBN978-4-06-287918-7

講談社現代新書　1918

日《に》本《ほん》人《じん》はなぜキツネにだまされなくなったのか

二〇〇七年一一月二〇日第一刷発行　二〇二五年五月七日第一九刷発行

著　者　内山《うちやま》　節《たかし》

発行者　篠木和久

発行所　株式会社講談社
東京都文京区音羽二丁目一二―二一　郵便番号一一二―八〇〇一
電　話　〇三―五三九五―三五二一　編集（現代新書）
〇三―五三九五―五八一七　販売
〇三―五三九五―三六一五　業務

装幀者　中島英樹

印刷所　株式会社ＫＰＳプロダクツ

製本所　株式会社国宝社

定価はカバーに表示してあります　Printed in Japan

「講談社現代新書」の刊行にあたって

教養は万人が身をもって養い創造すべきものであって、一部の専門家の占有物として、ただ一方的に人々の手もとに配布され伝達されうるものではありません。

しかし、不幸にしてわが国の現状では、教養の重要な養いとなるべき書物は、ほとんど講壇からの天下りや単なる解説に終始し、知識技術を真剣に希求する青少年・学生・一般民衆の根本的な疑問や興味は、けっして十分に答えられ、解きほぐされ、手引きされることがありません。万人の内奥から発した真正の教養への芽ばえが、こうして放置され、むなしく滅びさる運命にゆだねられているのです。

このことは、中・高校だけで教育をおわる人々の成長をはばんでいるだけでなく、大学に進んだり、インテリと目されたりする人々の精神力の健康さえもむしばみ、わが国の文化の実質をまことに脆弱なものにしています。単なる博識以上の根強い思索力・判断力、および確かな技術にささえられた教養を必要とする日本の将来にとって、これは真剣に憂慮されなければならない事態であるといわなければなりません。

わたしたちの「講談社現代新書」は、この事態の克服を意図して計画されたものです。これによってわたしたちは、講壇からの天下りでもなく、単なる解説書でもない、もっぱら万人の魂に生ずる初発的かつ根本的な問題をとらえ、掘り起こし、手引きし、しかも最新の知識への展望を万人に確立させる書物を、新しく世の中に送り出したいと念願しています。

わたしたちは、創業以来民衆を対象とする啓蒙の仕事に専心してきた講談社にとって、これこそもっともふさわしい課題であり、伝統ある出版社としての義務でもあると考えているのです。

一九六四年四月　野間省一